# 誰かの理想を生きられはしない

とり残された者のためのトランスジェンダー史

吉野靫

青土社

# 誰かの理想を生きられはしない　もくじ

# 誰かの理想を生きられはしない　とり残された者のためのトランスジェンダー史

# はじめに――わたしに起こった出来事と、この本について

## 一

まだ砂漠にいる。

映画のオープニングのように説明するなら、荒廃した一面の砂漠で、画面は埃っぽい。遠くに人影が見える。そう若くない。衣服は破れ、顔はうす汚れて、足どりは疲れ果てている。目は死んだよう。人生を諦めているか、失った何かを数えあげては絶望しているような……。それが私だ。この十年、惨めな気持ちを抱き続けてきた。

この本を出すのに、十年の時間が必要だった。十年前は希望を持っていた。あの頃と今の自分とを、同じように感じることは難しい。人前に出ることからも随分遠ざかっていた。私の身に何が起こったのか、なぜ砂漠にいるなんて思うようになったのか、書いてみたい。[*1]

＊1　この「はじめに」は、二〇一八年関西クィア映画祭で行なったＦＴＭ特別企画の原稿をもとに、大部分を加筆・修正した。

私の名前は吉野靫《ゆぎ》という。大学に入って盛んに活動していた頃は、カタカナのヨシノユギという名義を使っていた。その頃は活動家だと名乗っていた。中学校で校則改正運動に関わって以来、様々な自治の現場を経験してきたという自負があった。

人生において「決定的な事態」が起こったのは二〇〇六年。片をつけた後、二〇一〇年頃からは隠居のような生活に変わった。活動家と名乗るのもやめた。日常のほとんどを狭い部屋の中だけで過ごすようになり、たまに論文を書いて、国や大学の研究費で食いつないでいる。数年後にどうなっているかはわからない。

私はトランスジェンダーでもある。女性として生まれ育ったが、次第に居心地が悪くなり、十八歳頃に「女性のままで生きていくのは無理だな」と強く思った。当時は、いずれ手術をして男性になろう、とも考えていた。男性用の服や下着を身につけていたこともある。しかし「自分は女なんかじゃない」と思うことに疑問が芽生えた。

「女なんか」とはどういうことだろう。女性を見下すことが「自分らしさ」であるわけがない。そこに応答してくれたのが大学の講義で学んだジェンダー論や、フェミニズムだった。女性の身体であるからといって、「女性らしさ」を引き受ける必要はない。男性として生きることを望んでいたとしても、「男性らしさ」にとらわれる必要はない。それがはっきりして、ずいぶん呼吸がしやすくなった。やがて私は、性に関する規範や先入観から解放され、自分が女／男という単純な分類に当てはまらないと思うようになった。

とはいえ、どんな性別にも所属できないという思いは、大きな不安に変化することもある。今でも外出先にユニバーサルトイレがないと不便で仕方ないし、代名詞は「彼」も「彼女」もしっくりこない。もし事故にでも遭って「京都市在住、三十代の女性」と報道されたらと思うだけで、本当にゾッとする。古代遺跡から男性の骨が発掘された、というニュースなどを聞けば、「もしかしたら女性として生きていた人かもしれない。数千年あとになって暴かれるなんて嫌だな」と考えたりもする。

自らに備わる女性性を否定しきらなくても生きていけるという気づきは、大学での自治活動に繋がっていった。ジェンダーやセクシュアリティに関するプロジェクトに情熱を注ぎ、多目的トイレ、通名使用、健康診断への配慮を大学に要請したのち、ハラスメントのガイドラインについて交渉したり、DVやセーファーセックスなどの身近な話題について学生に知らせる情報誌を作ったりした。二〇〇四年には、レインボーパレード（性的少数者の問題だけでなく、ジェンダーによる抑圧や恋愛の押し付け、ハラスメントへの抗議も行う場とした）を開催。豊かな人間関係に恵まれて、肩肘を張らずに生きるうちに、「男性になる」ことへの執着は薄れていった。

それでも、自分の身体に乳房が付属していることについては、どうしても受け入れられなかった。胸に腰痛ベルトを巻きつける生活を丸五年続け、不便さに耐えかねて、二十三歳で手術を受けた。だが、それは最悪の結果になった。諦めの悪い性質なもので、とうとう裁判をするしかなくなった。人生の景色は急速に変化していった。

## 二

私は身体を変えるための選択肢として、二〇〇三年から大阪医科大学付属病院のジェンダークリニックに通っていた。当時、既に「男として生きていきたい」という欲望は薄れており、精神科医とのカウンセリングでも「とりあえず胸はとりたいが、それ以降のことはまだわからない」と告げていた。

「性同一性障害／Gender Identity Disorder」は、トランスジェンダーであることを医学的な枠組みを使って便宜的に表わした用語といえる。大学病院をはじめとする「正規医療」のルートで手術をするためには、「性同一性障害」であると診断される必要がある。そのためのガイドラインも定められているが、私はそれらしくない人間だったと思う。胸の手術以外のことは特に望んでいなかったし、外見的に男性として通用するための努力もしていなかった（正確に言うと、病院に通い始めた頃にはやめていた）。自分は胸を取るのにふさわしいと示すような、例えば「子どもの頃から男子の格好を好んでいた」とか、「恋愛の相手は女性である」という自分史も書かなかった。男性ホルモンの説明を聞くため泌尿器科を受診したときには、「もしかしたら将来子どもを産むかもしれないし、今すぐにホルモン注射を始めたいとは望んでいない」とまで言った。

これは、「胸を取りたいだけの『偽物の性同一性障害者であるヨシノユギ』が、正規医療の制度をうまく利用してやるために医者を騙した話」などではない。自分の気持ちを全て率直に話していたのに、医師の頭の中で処理された話だと考えている。医師があらかじめ持っていた規範や思い込みの中に、私の言い分を都合よくフィットさせてしまったのだ。実際、医療側には、根深い二元論の存在を感じた。あまりにもはっきりと、物事を二つに分けてしまうのだ。性を変えたい人間とはつまり、男子に生まれた者は女子になりたくて、女子に生まれた者は男子になりたいものだ、と。女子になりたい人は男子と恋愛し、男子になりたい人は女子と恋愛すると思っている医師も多かった。十代のとき、身体改変のきっかけをつかむため、さる高名な医師の診察を受けた。「彼女いないの？　彼女くらい作りなよ。ほかのＦＴＭ（Female to Male）の人はもっと活発だよ」と言われて落胆した。当時はまだ、「理解ある医師」に幻想を抱いていたのだ。

ともかく、私には「性同一性障害」という診断がおりた。そうなった以上は、正規医療のジェンダークリニックで、できるだけ安心して手術を受けたいと望んだ。国内でジェンダークリニックが整備される前から、そして現在でも、個人の病院や海外で身体を変えることを選ぶ人はいる。手術が成功すればよいが、個人病院だと入院施設がない場合がほとんどで、麻酔科の専門医がいないこともある。過去に何例か、死亡事故も起きている。海外での手術は、症例数が多く技術も高いとされているが、意思疎通が難しく、気軽にアフターケアを受けることができない。あなたならどう判断するだろう。身体改変なしでは人生やっていけないと思っているときに、鈍行でも通える距離の大学病院で、ジェンダークリニックとしてチーム医療をやると言われたら。専門家の麻酔管理があり、術後は一週間入院ができて、何かあればすぐ診てもらえる。精神科医もサポートするという。家族や友人が様子を見にくることもできる。価格は個人病院の相場よりやや高いが、手術・個室での入院・診察・食事など、パック料金で八十万。総合的に見て、正規医療を回避する明確な理由があるだろうか。

診断についての疑問を述べたが、完全に女性／男性としての人生を送りたい（自分の性別を女性／男性だと確信している）当事者を批判しているわけではない。物心ついたときから身体が嫌だったというひとも、もちろん本当にいる。しかし、二〇〇〇年代初頭の医療現場で、どちらも選べないタイプのトランスジェンダーが不可視化されがちだったことは、私にとってはっきりとストレスだった。性別移行の望みはあるものの着地先が曖昧な、いわゆるFTX（Female To X）やMTX（Male to X）の存在や、ジェンダーフルイド、ノンバイナリー、クィアなどの立場について、当時は言及されることが多くなかった。特に、「生まれつきとは逆の性になりたい『性同一性障害』の人々」という見せ方ばかりするメディアの怠慢を忘れることはできない。多数派から見て「許容できる」、「認めてやれる」当事者、男女という制度や社会的な規範を脅かさない少数派像をつくってきた歴史は、批判されなければならない。女性／男性としての人生を選びとった個人の選択とは、別の話である。

三

この先を考えあぐねて、何ヶ月もの間、筆を執らなかった。大学病院での手術と、そのあと提訴に至るまでの話だ。

当時の記録をそのまま使うことも検討したが、文章の温度と湿度が死の星のようにめちゃくちゃだったし、余りにも生々しいので、ここで述べることはやめた（とはいえ大切なことも書いてあるので、機会があればどこかで公開したい）。

手術を執刀する形成外科の主治医に伝えたのは、術後にQOL（生活の質）を確保することの重要性だった。「先生はテレビを観て、性同一性障害のイメージを持っていませんか。女、または男の見かけになりさえすればいいというものではないんです。傷跡や感覚の麻痺についてある程度の覚悟はありますが、ベストを尽くしてほしいです。胸が平らになれば、出来上がりが汚くていいとは思っていません」と、何回かに分けて、丁寧に話した。人生に関わる問題だということを。傷跡を薄くするために自助努力をしよう、細かくテープを貼ろう、筋トレも頑張ろう、などと思っていた。

主治医は術式について、二時間ほどの簡単な手術だと説明した。リスクについての言及がなかったため、こちらから詳しい情報を求めた。「例えば……壊死とか、本当に怖いんですけど」

と訊ねると、主治医は「失敗は想定しなくてよい」と断言した。埼玉医科大のジェンダークリニックで研修し、二十例ほどの経験があるということだった。指導役の医師を呼ばなくて大丈夫かと質問すると、主治医は、それには及ばないと答えた。埼玉医科大で研修した医師が別の場所で執刀するというのは前例もあることだったし、委ねようと考えた。前日に書いた同意書の中にも、壊死に関する言及はなかった。

手術は二〇〇六年五月二十日のこと。かかった時間は四時間二十分。予定の倍以上となり、待機していた母はとても心配した。手術室から出てきた医師の第一声は「思ったより胸のサイズが大きくて、縫合に時間がかかった」。事前に三回の計測を経て決めた術式だったので、母はその言葉に違和感を覚えたという。麻酔が切れた私は、猛烈に喉が渇いていた。強い吐き気に襲われて、朝が来るまで八時間、ほぼ一時間に一度のペースで吐き続けた。管が入っていた喉もかなり痛んだが、もう包帯の下に胸がないと思うと、つくづく安心した。

退院後は安静を旨として過ごし、経過観察と消毒のために病院へ通う日々だった。抜糸予定の日が近づいているのに、患部の色がおかしいと感じ始めた。診察の度に質問したり、電話で尋ねたり、写真を撮って状態を記録したりしていた。特に左側の皮膚はどんどん黒ずんでくる。「これは壊死じゃないんですか？」、「壊死ではない」というやりとりが何回もあった。六月十二日、執刀した主治医とは別の医師の診察を受けた。診察台に横たわり、患部のガーゼを外した瞬間に、「ああ、もう壊死している」と告げられた。「壊死しても、皮膚を移植すればよいから、深刻にならなくてよい」という言葉もあった。血の気が引いて、診察台から起き上がれそうになかった。途中から、入院棟の担当だった若い医師が診察室に入ってきたが、ひとことも声をかけてくれなかったこともショックだった。

ひとたび壊死が始まってしまえば、止める手だてはない。想定しなくてよいと言われた壊死が起こり、それがどの範囲まで進行するかは様子を見るしかないという状態で、診察は終わってしまった。私の様子を案じたらしい一人の看護師が追ってきて、息が整うまで話しかけてくれた。大阪医科大のある高槻から京都までの帰路、間違っても線路に吸い込まれたりすることのないよう、信頼する後輩に迎えにきてもらって帰宅した。

六月後半ともなれば、京都は蒸し暑い。患部から漂ってくる腐臭に参っていた。家でも消毒する作業が必要だったが、ねずみ色の異様な皮膚を見たくなくて、ガーゼを外すまでに数時間を要する日もあった。およそ六十年前に南方戦線で起こったことを思った。地獄の様相の、万分の一くらいは想像できるようになったろうか？

自分の身体が、自分の手に負えないという状況に追い込まれたのは初めてだった。患部の左側は、もはや全縫合部に感覚がない。右側の一部も、どす黒く変色して穴が空いていた。信頼できない医師の診察を受け続けることも耐え難い。壊死の原因を何度も訊いたが、まるで要領を得ない返答だった。「病院側の負担で再建できるかもしれない」という言葉が漏れたこともあり、「それは病院に責任があるから出るせりふではないか」と問いただしたものの、やはりしどろもどろだった。

最終的に、左側の患部は全て壊死となって脱落した。皮膚の一番深いところまで駄目になったということだ。もはや用をなさなくなった縫合糸を、肉の隙間からピンセットで取り出す処置は痛かった。ミイラ状になった皮膚をとりのぞいたあとには、直径八センチほどの肉が露出した。独特の臭いを我慢しながら、じわじわと皮が張ってくるのを待つしかない。右側は三分の一が壊死し、死んだ皮膚を除去してから、部分麻酔で縫合しなおした。七月十六日。二人の友人が付き添ってくれて、帰り道に昼食を摂った。

この頃、大阪医科大ジェンダークリニックの「チーム医療」は有名無実だったことを思い知った。形成外科と連携しているはずの精神科の主治医は、私の予後が思わしくないことはおろか、手術日すら共有していなかったのだ。よって、壊死の恐怖に苛まれているときに精神的サポートは得られなかった。

いよいよ、裁判という手段が現実味を帯びてきた。私は、まず病院に質問状を出すことを考えた。周りに助けを求めると、自治会活動の関係性を軸として、先輩、後輩、友人など十名ほどが支援を申し出てくれた。結果的に、このときのグループが、増減や代替わりをしつつ最後まで支えてくれることになる。発足時には学生と院生だけの集団で、もちろん医療の専門家も法律の専門家もいない。質問状では、壊死の原因や病院側の対応など、六項目について回答を要請した。担当者とかなりの衝突を繰り返しながら回答を得たのが、約一ヶ月後だった。内容は、過失は一切ないという簡単なものだった。裁判への決意が固まった。

「性同一性障害」の診断を受けた当事者が、正規医療を相手に裁判を起こすのは初めての事例である。引き受けてくれる弁護士を探し、トランスジェンダーと「性同一性障害」について知ってもらい、正規医療の成り立ちや医療倫理についても勉強してもらわねばならない。「性同一性障害」の枠組みは使うものの、私のスタンスは典型的でないということも理解してほしかった。もちろん、医療裁判としての特性もある。多くのひとの協力で、幾度となく打ち合わせと勉強会が繰り返された。医療裁判では、この手術はこのように間違っているから失敗したということを、原告側が立証する。そのためには、カルテや経過を検証して、裁判所に提出する鑑定書を書いてくれる医師が欠かせない。トランスジェンダーの乳房切除手術の経験があり、大阪医科大側の過失を裁判官にわかるように表現することができ、京都地裁で証言できる善意の鑑定医。大学病院はもとより、同業他「院」と対立するリスクを負ってくれる存在。数人に門前払いされつつ、最終的には引き受けてくれる医師を見つけた。日々、自分の身体が知らないものになっていくような不安を抱えながら、日常は回転し、作業が続いた。

訴状に入れ込んだ内容は、「なぜ提訴するのか／通院開始から壊死までの時系列や写真／カルテの写し／なぜ手術が失敗したと考えるのか（鑑定書）／個人的な日記やメモ類／失敗によって何を失ったのか／損失をお金にするとどのくらいなのか、その根拠」あたりにまとめることができる。弁護士は厚意によって手弁当なので、素人だろうがなんだろうが、できることは最大限やらねばならない。訴状の書けそうなところを、支援者と手分けして書いた。書いて会議、話し合って修正、資料を集めてまた書くという流れが九ヶ月続いた。

簡潔に説明すると、裁判で明らかにすることを目指したのは、次のような点である。

一、なぜ手術は失敗したのか。手術方法や術後のケアは適切だったのか。

二、執刀医は壊死のリスクを否定し、その内容は同意書にもなかったが、見通しや説明方法が間違っていたのではないか。医師は壊死のきっかけを見逃していたのではないか。

三、執刀医と精神科医が連携していない・予後が悪いときのケアがないなど、チーム医療がまったく機能していなかった。これは正規医療のガイドラインに沿っていないのではないか。

四、壊死を告げたときの「移植すればよいから深刻にならなくてよい」という言葉は、トランスジェンダーの身体を取り替えがきくものだと思っているのではないか。女性または男性の外見に似せさえすれば済むと考えて、その質を見ていないのではないか。

当時、私は大学院の前期を出るための修士論文も書かなければいけなかった。二〇〇七年一月末に論文を提出し、三月末の提訴に向けて追い込みの作業に入った。まずは訴状を完成させなければいけないし、ホームページの開設にカンパ集め、賛同人の募集、プレスリリースの準備、様々な市民運動の現場であいさつをして顔を知ってもらうことなど、やることは山積みだった。

壊死した皮膚を取り除いたあと、患部には薄い皮膚が張った。大きく抉れた状態のそこを見慣れるまでには時間がかかり、視界に入れたくなかった。やがて整髪用のカラースプレーで傷跡を塗り潰したり、絵の具でペインティングしたりするようになった。その方が安心したのだ。今思えば、自分の身体であるという感覚を取り戻すための試行錯誤だった。陥没した左胸は、身体への同一性そのものを見失わせていた。手術前に一切予想しなかった身体の形状を受け入れるには手助けが必要だったが、それが大切だと理解していなかった。朝から晩まで作業に没頭することに「日常」を見出していた。

三月三十日、ついに京都地裁に提訴した。友人や大学院の仲間など、支援グループ以外にも多くのひとが現場に集まってくれ、励ましのメールも受け取った。記者会見には十社以上のメディアが集まり、関西ではそこそこの規模で報道された。なお記者会見は、司法担当の幹事社に情報を渡すと、各社に連絡してくれる。来るか来ないかは各社の判断なので、強制力をもって集めるわけではない。世論の後押しが欲しいケースは、ここで注目を集められるかどうかが一つ目の勝負だろう（誤解を受けたこともあるが、目立ちたくて会見を開くわけではないのだ……）。感情的になることなく会見を終えることができたが、冷たい汗を大量にかいていた。提訴に先立って、地元の京都新聞が丁寧な記事を掲載してくれていた。その前後、かなりのリスクを背負って尽力してくれた記者がいたことは忘れない。

疲弊とともに高揚も感じながら一週間を過ごした頃、夕方、急に心臓の鼓動が早くなった。何をしても収まらず、息も苦しくて動けない。そのまま精神科に駆け込み、うつ病と軽いパニック発作の傾向があるとわかった。それから十年以上、薬との付き合いは続いており、ＰＴＳＤ（ショックな経験をしたのち、生活の折々でその再現が起こって苦しむ疾患）も克服できていない。様々な解決策を試したが、しっくりこなかった。強い抑うつの波がきているときは、裁判のニュースに大きなストレスを感じる。ふと聞こえてくる歌に、「胸の傷口」のような歌詞があると反応してしまう。「性同一性障害」という字面を見ると、瞬時に汗が出て身体をつたっていく。悪夢にうなされることも少なくはない。ここまで具体的な症状を公にするのは初めてだ。自分が傷ついたという事実を口にするのは、ひどく難しいことだった。

## 四

提訴に伴って、自分の顔や名前を出すことに迷いはなかった。痛みが実在するものだと強く感じてもらうためだ。

最初に述べたように、私は当時、活動家であるというアイデンティティを持っていた。メディアに出ることをたたかいの戦略として捉えていたので、その決断は早かった。一方、バッシングへの恐怖はあった。典型的な「性同一性障害」に見えない私は、「普通」の女じゃないかと馬鹿にされたり、揶揄されたりもするだろう。本質ではない部分を切り取られて消耗したくなかったので、髪をブリーチするのをやめ、映像を撮られるときはシンプルな服を着た。理路整然と冷静に話すことを心がけ、よい印象を与えようと努力した。今でこそ馬鹿馬鹿しいと思えるが、必要以上に自尊心が損なわれる経験をしたくはなかったのだ。多数派に媚びる少数派像を作ることに加担したくないと、毅然とした態度をとること、メディアが気に入りそうな言葉を言わないことにもこだわっていた。間違っても、「命がけで男性になりたい元女性」であるとか、男性コミュニティへの憧れを持つひとだと受け取られたくなかった。実際、「女性時代の写真をくれ」と言ってきたテレビ局もあった（「私は胸以外そのままなので、今でも女性に見えますよ」と応えた）。本来、傷ついた者がそれを主張するとき、よりうつくしい主張に見えるよう細工をする必要などない。工夫を迫られる状況自体が不本意で、アンフェアである。

はたしてバッシングはやってきた。外見や性的体験への揶揄は匿名掲示板で行われた。内容は予想通りだったので、来るものが来たと思っていた。何よりも堪えたのは、「性同一性障害」やトランスジェンダーの当事者からのメールや、自助グループやコミュニティ関係者による、根拠のない非難である。それらをまとめると、次のように分類できる。

◇「らしさ」がないことへの不満。「ヨシノの外見や服装はFTMらしくない」、「男に見えない」、「肌がきれいだし化粧もしているのではないか」など。

◇自己責任論および二元化への圧力。「裁判を起こすことによってトランスジェンダーがトラブルメーカーだと思われる」、「覚悟の足りないモンスター患者」、「性同一性障害への制度を中途半端な者に使ってほしくない」など。

◇正規医療への親和性。「医者とは対立すべきでない」、「この裁判のせいで医療が停滞するかもしれない」、「制度が進むうえで犠牲はつきもの」など。

まだ「LGBT」のブームは到来していなかった。トランスジェンダーよりも「性同一性障害」の方が有名で、影響力がある状況だった。医療という権威の存在を心強く感じていた当事者もいただろうし、診断されたことで自信を持つことができたひとは、性別二元論批判を煩わしく思ったかもしれない。だがバッシングのほとんどに共通する問題は、トランスジェンダーや「性同一性障害」への理解が足りないことではなく、女らしさ／男らしさというジェンダー規範を叩きつけてくる点だった。「男になりたいわけではない」という私の立ち位置を尊重することなく、結局は「男ならば身体の傷くらいでは騒がないものだ」などの、悪しき男性性（と、それに伴う沈黙）を強要してきたのだ。[*2] 二元的な性別に当てはまらないタイプのトランスジェンダーが「正規医療」ルートに乗ることへの不快感も示された。だがそれを許可したのは他でもない医療であり、現に予想し得ない事故が起こった以上、原因を解明するのは、受診者すべてに資することではないか。原告の個人的なあれこれにだけ言葉が費やされること、社会的に責任ある立場の者まで感情論に終始したこと、それは壊死のショックと同等に、私の実存を深く毀損するものだった。その中のいくつか、言及を避けられないものについては、註において名前や発言をできる限り正確に書き記していく。

バッシングに加担した者のほとんどが「落とし前」をつけていないことで、私の心はより砂漠に追いやられた。いま自分がある程度の年齢になり、ニュースで若い原告の存在を知ると、強く心を寄せることが多い。私は当時、少しだけでも共感してほしかったのだ。壊死の原因が明らかになっていないとしても、縫合部の全壊死というのは滅多に起こらない事態である。確実に苦しんでいるだろう人間に共感を示すことが、そんなに難しかったろうか。裁判が終わってから「実はあのとき気になっていた」と言った者も何人かいたが、進行形で寄り添ってくれる誠実さには

＊2　たとえば、「gid.jp」代表（当時）の山本蘭は、「裁判以外の方法があった」、「(医療が停滞したら）事を起こした者として責任をとるべき」などと数年間にわたり繰り返し主張した。数回の選挙戦にも挑んでいる活動家の森村さやかは、自己犠牲を説きながら、提訴を取りやめよというメールを送ってきた。その後も、徹底して私との対面を拒んでいる。

敵わない。賛同人になってくれたひと、カンパをくれたひと、傍聴に来てくれたひとのことは、今も思い返しては感謝し続けている。

有形無形の応援に支えられながらも、「性同一性障害」のコミュニティや自助グループと明確な関係を築くことがなかったのは、運動としては大きな穴である。一方的な物言いをされつつ裁判をたたかうには、強靭さの演出を貫くほかなかった。裁判終了まで、あと一〇八四日。

## 五

民事裁判では、事件の関係者が集まって話す機会のことを口頭弁論という。基本的に公開され、誰でも傍聴することができる。傍聴人が多いと運動的に意義があるというアピールになるため、書面の内容を練ることはもちろん、広報も大切な作業だ。

口頭弁論はそれぞれの主張を確認するところから始まる。提訴の際に出した訴状は裁判官が読んで準備をしていて、もっとここを知りたい、この部分を書き加えてください、などの指示が出る。それを次の口頭弁論までに修正する。もちろん、被告である大阪医科大もこちらの言い分に反論する書面を出してくるので、事実に反する箇所や時系列が間違っている箇所がある、などのことを更に反論する。そしてまた、次の口頭弁論を迎える。このサイクルを二年以上、十五回にわたって繰り返した。特に医療裁判というのは、一審判決が出るまでに時間のかかる裁判として知られる。

こちらの主張を否定してくることがわかっていたので、病院側の書面を確認するのは辛かった。来院の時間や、対応の様子の記述が食い違う。入院中、何のためらいもなく女性用トイレに案内されたのに、書面では「原告に配慮して個室にトイレを用意した」ということになる。脈が上がり、左の傷跡が鼓動とともに上下している様子が、急に気になる。冷たい汗が身体を流れていく。最も許せなかったのは、「原告の精神的ケアのために、形成外科主治医と原告は、一緒に精神科主治医のもとに行った」という言い分である。チーム医療などなかったのに、そもそもカルテの共有すらしていなかった（電子カルテ化以前だった）というのに。まさか「反省して次から改善します」と応じるとは思っていなかったが、どこかで良心が発揮されることを信じたかったので、読み進めるごとに堪えた。

このような主張に対してひとつひとつ、証拠を出しながら反論書面を作成する。例えば、私のメール記録を出せば、いつ病院に着いたかが推定できる。付き添いの母の日記を見れば、女性トイレに案内されたことや、医師の発言が記録してある。この作業はもちろん骨が折れたが、並行して論文投稿や学会発表を行い、講演の依頼も受けていた。国の助成金をもらわないと生活できなかったし、裁判の味方を増やしたかったからだ。この頃はまだ、物事を過剰にやると人間は壊れてしまうということがわかっていなかった。実際、たくさんの場所を訪れ、たくさんの人と会っていたのに、いま思い出せることは驚くほど少ない。

十五回の口頭弁論のあと、裁判長から、和解をする気があるかと訊かれた。このときは原告側も被告側も拒否したので、証人尋問へと進むことになった。事実を整理し、判断するために、公の場で事件の関係者に質問を行う機会だ。事前に、誰を証人として呼びたいか希望を出しておく必要がある。思い通りになるとは限らないが、ジェンダークリニックの医師四人に質問したいという要望を出すと、認められた。裁判の規模の割には、二日の日程で計十時間という長丁場になった。二〇〇九年九月のことだった。

証人尋問は、言うまでもなく裁判で最大の山場である。しかし、この少し前に私は、個人的に大きなトラブルを抱えてしまっていた。夜間救急に駆け込むほど体調を崩していたし、安定剤とアルコールを併用しており、非常に危うかった。既に尋問の日程は決まっている。考えなくて済む世界に逃げ出したい気持ちと向き合い、たたかいの先人の記録をひたすら読み込んだ。とにかく証人尋問を成功させねばならない。アルコールを処分し、安定剤も支援者に預かってもらうことで打開をはかった。その代わり、抗うつ剤が強いものに変わったため、頭がぼんやりしたり、相手の発言の意図がわからなくなったりした。私は弁護士に全てを委ねる形はとらず、ほぼ全ての口頭弁論に出席していた。証人尋問では「本人尋問」を行った。原告本人が、出廷する証人に直接質問ができる仕組みだ（なお、ドラマや映画では法廷を歩いたり証人に近づいたりしながら尋問しているが、実際にそういうことはできない）。意識が朦朧とする瞬間もあったが、傍聴席を埋めてくれた人たちの厚意を背に受けて、最後まで乗り切ることができた。
長い尋問の末にわかったのは、私がしつこく強調したＱＯＬについて、執刀医は意識していなかったことだ。「リスクの説明が不適切だったのではないか」という点については、「あまり怖がらせてもいけないと思って、強く説明しなかった」という発言を確認することができた。精神科医は、病院側弁護士の指示であろう範囲のことしか言わず、手術のときには蚊帳の外だったため、あまり印象に残る言葉も出なかった。病院側が示した壊死の原因は、「原告の退院後の生活態度」であった。私が退院後に、手を振り回したり煙草を吸ったりして、血流が悪くなる原因をつくったというのだ。そんな事実は一切ない。腕を患部より上にあげないことを徹底し、洗髪も友人に頼んだほどだ。周りの喫煙者は全員、私と離れたところで煙草を吸っていた。手術後の患部写真について、こちらの鑑定医は「きつく縫いすぎて血が止まってしまったのだろう。周りも既に引っ張られて、裂け始めている。白くなっているところは虚血（血がなくなった状態）。ここから壊死が始まったと考えられる」と証言した。病院側は「この写真では壊死かどうかわからない。白くなっているところは虚血ではなく、軟膏か何かがついているのではないか」と証言した。さすがに傍聴席から失笑が漏れた。

足掻いた甲斐あって、尋問後の方向性は決して悪いものではなかった。裁判長から二度目の和解勧告があり、「心証開示」で、経過に関する評価がなされた。裁判長は、これまでトランスジェンダーや「性同一性障害」について深く知ることはなかったようだが、ジェンダー規範への意識はあるようだった。とにかく資料を丁寧に読み込んで判断する人物であるという評価もあった。手術当時の記録や日記は、読み物としての「面白さ」もあったようだし、証人尋問の頑張りも、心証を左右したものと見えた。何よりも病院側の証言に、手術ミスであるという原告の主張を覆すだけの強さがないのがポイントだった。

のちに同じたたかいをする者のためにも、勝訴して判例を残したいという気持ちは最後まであった。しかし判決までいくと、病院の説明義務違反は認定される可能性はあるが、それ以外は五分五分ではないかというのが弁護士の見立てだった。和解にするならば、協議を経て「この条件で和解しよう」という和解条項をつくり合意するため、こちらから条件をつけたり、要望を出したりすることができる。迷いに迷ったが、実質的な医療の改善を強く望んでいたため、和解協議に入ることを選択した。いざ協議に入ると、弁論では知り得ない裁判長の人柄に触れることもあり、興味深かったのを記憶している。

和解協議は、まったく揉めないということもなかったが、こちらの条件を大幅に認めさせる形で決着した。

一、　病院は、手術前の説明に足りない点があったこと（一部説明義務違反）を認め、原告に慰謝料を支払う。

二、今後、大阪医科大病院のジェンダークリニックが手術をする・しないの判断は、この裁判とは関係ないという公式見解を出す。

三、今回の手術で起こったような連携不足を解消するため、違う科でもスムーズに連絡をとれるよう改善する。

四、和解後、原告の経験を聞く場を設ける。ジェンダークリニックに関わる医師と看護師は参加し、感想文を提出する。

多くの医療裁判では、どんな条件で和解したかについて、秘密になることが多い。病院側はお金などの補償をする代わりに、今後は裁判のことを話さないでほしいと望むからだ。交換条件である。だから私の裁判では、和解条項の内容を公表できたこと自体、ひとつの到達点でもあった。たたかいの結果、何が明らかになったのか、原告・被告がどんな判断をしたのか、周りに知らせることができる。弁護士はこの結果を「勝利的和解と呼んでよい」と評価した。鑑定書の書き直しに何度も応じ、証言の日には病院を休みにして出廷してくれた鑑定医は、「医師として当然の仕事をしただけです」と、言葉少なに微笑んだ。

二〇一〇年三月十九日。喜びより安堵の方が遥かに大きかった。鏡の中の自分に、提訴の日のように意気軒昂な様子は見出せない。裁判という制度の中で、決して病院側への呪詛をまき散らさず、医師の個人名も出さず、バッシングにも沈黙を通して、すべてを六畳の自室に閉じ込めて一〇〇〇日を耐えきった。しかし達成感はなく、心は、裁判では解決できなかったことに占められていた。わかりやすい例を挙げるならば、病院の事務で裁判を担当していた職員のことだ。仕事なので毎回傍聴に来てはいたのだが、証人尋問の日ですら顔を上げることなく、常に分厚い文庫本を持ち込んで時間を潰していた。和解協議が終わったあと、どうしても知りたくて訊いた。「あなたは裁判の間、ずっと本を読んでいたけれど、裁判の内容を把握することと本を読むこと、どちらが大事でしたか?」。相手は間を置かずに「読書の方が大事だった」と答えた。協議が終わった以上、もはや糾弾することはできない。

私は偽りや驕り、ひとを傷つけて平然としている不誠実さとも「和解」せねばならない。これが裁判である。時間とコストをかけ、バッシングされ続け、たとえ有利な条件で和解できても、数秒の謝罪もしてもらえないこと。徹底的に尊厳を踏みにじられること。どれだけの成果をあげようと、身体は決して元に戻らないこと。これが裁判だった。

たどってきた道のりに咲いていたはずの花は枯れ、虚無感が大量の砂となって足元を埋めた。その範囲は時間が経つごとに広がっていった。井戸のありかを知らず、行く先も見えないが、生き続けなければならないことだけは忘れていない。それが何のためか、わかっている日も、まるでわからない日もある。たまに金色の蛇がこちらを見つめて、「違う行き先」があるとささやく。やり過ごして這いつくばり、大きな溜め息をつく。

私の砂漠はこうして出来上がった。

## 六

このような日々を送りながら、いくつかの論文やコラム、書評を書いてきた。その中の論文を時系列に沿ってまとめたのが、この本である。

章の前半を「本論」とし、過去に発表してきた論文を、基本的に初出の状態で収録した。そのためどうしても、語の定義などで重複している部分がある。章の後半は「補論」として、二〇一八年の終わりから二〇二〇年の初めにかけて、後日談のような内容も入れて書き下ろした。十年以上前の論文も登場するため、出てくる用語の中には、現在ではあまり使われていない／馴染みのないものもあるかもしれない。一方で、驚くほど変わっていない感覚もあるはずだ。トランスジェンダーの捉え方が「性同一性障害」から「ＬＧＢＴ」へと大きく変化したこの十年、何が変わり、何が変わらなかったのかという観点で読むことができる。

先にことわっておくと、ここ数年インターネットで盛んになっているトランスジェンダーに関する議論について、多くを述べることはできていない。前述のように、私は過去にインターネット上で多くの誹謗中傷を経験した。コミュニティでも適切な対応がなされなかった[*3]ことが原因で、インターネット上の議論をほとんど見ることができない。ストレスが大きすぎて、そもそもサイトを開くことができないのだ。

ツイッターなどのツールが発達し、トランスジェンダーや「性同一性障害」当事者の声が顕在化していることは重要である。一方で、デマを流すことやトランスジェンダーに対する憎悪を煽ることは許されない。ただ、オンラインに貴重な居場所を見出す者もいれば、どうしようもない疎外感でアクセスできない者もいる。特定の話題についてコメントできないときは、火中の栗を拾うことを恐れているからでも、不誠実だからでもない場合があると言いたい。もちろん、責任を全うしなければならない局面もあるとは思う。少なくとも私の場合は裁判中にそれをやる必要があり、徹底的に発信し尽くすか、緘黙するかのどちらかによって対応してきた。

かつて「性同一性障害」を仇のように思っていた。その診断にまつわる抑圧、制度のあり方、コミュニティ関係者の態度など全てが厭わしかった。だから最近、トランスジェンダーに近い位置にいる若者が「性同一性障害という言葉に思い入れは全くなく、縁遠い」というのを聞いて、なんとなく溜飲の下がる思いがした。だが、たとえ「性同一性障害」がトランスジェンダー（あるいは、ひとくくりに混同されて「LGBT」）という言葉に置き換わって認知されても、日本で機能している制度は結局「性同一性障害」、GID基準で出来ているのだ。いずれ何らかの手術を受けるとき、戸籍の性別を変更したいと思うとき、必ず「性同一性障害」と直面する日がやってくるだろう。知らずに損をすることがあってほしくない。そもそも「性同一性障害」とは何かというところから、ひと通りの経緯を知っていてほしい。この本は、あとから生まれてくる者たちのためにも書かれている。

トランスジェンダーの話題を目にする機会は本当に増えた。日本特有の「性同一性障害」史を踏まえることで、その背景まで知ることができる。とはいえ「一冊でわかる」と銘打つのは誇大であろうと思うし、入門編だけでも心許ない。本書は、それらの穴を埋めるのに適切な内容を伴っている。つまり「正史」が選ばなかった出来事や視点、人物、メディアが見落として報道しなかった（もしかしたら避けていた）ことを、できるだけ書くようにした。見えないようにされていたものは何か、見ていなかったものは何か、自ずと明らかになるだろう。

長い導入が終わった。一人一人の名前をクレジットすると余りに長くなるので、謝辞のようなものは書かない。しかし私は、あなたがしてくれたことのひとつひとつを憶えている。足どりは重いが、歩いてスクリーンを横切っていくとしよう。これから始まる本編のどこかを、ときに思

＊3　精神科医としてジェンダークリニックに携わる針間克己医師が「杏野丈」名義で運営しているブログは、提訴当時はコメント欄があり、活発な書き込みがなされていた。私の提訴を知らせる記事になされたコメントは匿名による攻撃や憶測が相当混ざっていたが、針間が管理人として適切な判断を行わず（他の記事ではコメントを制止する場合もあった）、その後数年にわたって不当なコメントが閲覧可能になっていたことは、かなりの苦痛であった。

い出してくれればそれに勝る喜びはない。

二〇二〇年　秋

吉野　靫

# 第一章　「多様な身体」が性同一性障害特例法に投げかけるもの

## 一、日本のGIDをめぐる状況と特例法[*1]の課題

性同一性障害とは「GID」（Gender Identity Disorder）の訳語で、アメリカ精神医学会の診断基準のひとつである。日本においては、一九九六年に日本精神神経学会が「性同一性障害に関する答申と提言」を発表し、一九九七年に「性同一性障害に関する診療と治療のガイドライン（指針）」を作成、一九九八年には埼玉医科大で日本初の公的な性別適合手術（Sex Reassignment Surgery、以下SRS）が行われた。生まれ持った性別と「逆の性」を望む人々は、それ以前には「性転換症」「性転向症」などと呼ばれ、正式な医療の対象とはされていなかった。日本では、睾丸摘出手術を行った医師が優生保護法違反で有罪判決を受けた「ブルーボーイ事件」[*2]（一九六九）の影響が長く尾を引き、SRSがタブー視されてきたという歴史もある。埼玉医科大の治療開始以前、身体違和を持つ当事者たちは、国内の個人病院やタイを始めとする諸外国で手術を受けていた。FTM（Female To Male）の乳房切除手術や、MTF（Male to Female）の精巣除去手術の場合は比較的症例があるものの、造膣やペニス形成といった性器の手術には高い技術が必要とされ、国内での受け

入れ先はほとんどなかった。

ＦＴＭの草分け的な存在として知られる虎井まさ衛も、一九八六年当時、渡米での手術に踏み切っている。虎井は一九八六年にニューヨークで乳房切除、一九八九年にカリフォルニアでペニス形成の手術を行っている。その後、（特定可能な）日本初のＦＴＭ当事者として自助グループを主宰し[*3]、現在も活動を続けている。虎井は、埼玉医科大における正規医療開始の報を受けた当時、以下のように述べている。

＊1　性同一性障害者の性別の取扱いの特例に関する法律（平成十五年七月十六日法律第百十一号）は、以下である。

（趣旨）

第一条　この法律は、性同一性障害者に関する法令上の性別の取扱いの特例について定めるものとする。

（定義）

第二条　この法律において「性同一性障害者」とは、生物学的には性別が明らかであるにもかかわらず、心理的にはそれとは別の性別（以下「他の性別」という。）であるとの持続的な確信を持ち、かつ、自己を身体的及び社会的に他の性別に適合させようとする意思を有する者であって、そのことについてその診断を的確に行うために必要な知識及び経験を有する二人以上の医師の一般に認められている医学的知見に基づき行う診断が一致しているものをいう。

（性別の取扱いの変更の審判）

第三条　家庭裁判所は、性同一性障害者であって次の各号のいずれにも該当するものについて、その者の請求により、性別の取扱いの変更の審判をすることができる。

一　二十歳以上であること。
二　現に婚姻をしていないこと。
三　現に子がいないこと。
四　生殖腺がないこと又は生殖腺の機能を永続的に欠く状態にあること。
五　その身体について他の性別に係る身体の性器に係る部分に近似する外観を備えていること。
（1）前項の請求をするには、同項の性同一性障害者に係る前条の診断の結果並びに治療の経過及び結果その他の厚生労働省令で定める事項が記載された医師の診断書を提出しなければならない。
（性別の取扱いの変更の審判を受けた者に関する法令上の取扱い）
第四条　性別の取扱いの変更の審判を受けた者は、民法（明治二十九年法律第八十九号）その他の法令の規定の適用については、法律に別段の定めがある場合を除き、その性別につき他の性別に変わったものとみなす。
（2）前項の規定は、法律に別段の定めがある場合を除き、性別の取扱いの変更の審判前に生じた身分関係及び権利義務に影響を及ぼすものではない。
（家事審判法の適用）
第五条　性別の取扱いの変更の審判は、家事審判法（昭和二十二年法律第百五十二号）の適用については、同法第九条第一項甲類に掲げる事項とみなす。
附　則　抄
（施行期日）
1　この法律は、公布の日から起算して一年を経過した日から施行する。
（検討）
2　性別の取扱いの変更の審判の請求をすることができる性同一性障害者の範囲その他性別の取扱いの変更の審判の制度については、この法律の施行後三年を目途として、この法律の施行の状況、性同一性障害者等を取り巻く社会的環境の変化等を勘案して検討が加えられ、必要があると認めるときは、その結果に基づいて所要の措置が講ぜられるものとする。
3　国民年金法等の一部を改正する法律（昭和六十年法律第三十四号）附則第十二条第一項第四号及び他の法令の規定で同号を引用するものに規定する女子には、性別の取扱いの変更の審判を受けた者で当該性別の取扱いの変更の審判前において女子であったものを含むものとし、性別の取扱いの変更の審判を受けた者で第四条第一項の規定により女子に変わったものとみなされるものを含まないものとする。

(…)あの頃は性転換者のことなんて、そういったところでしか取り上げてもらえなかったのである。「セックスは可能?」「立ちションは可能?」「全部でいくらかかる?」それだけなのだ。

埼玉医科大以降はまるで違う。(中略)まずNHKと各新聞社が来る。時代は変わった。よりよいほうに変わったと思う。(虎井、宇佐見1997)

当事者たちが開拓してきた独自の医療ルートが「闇」と呼ばれ、その実態について全く詳らかでなかったことを鑑みれば、SRSを国内で実施するという埼玉医科大の決断は大きいものであった。また、この問題が趣味や嗜好によるものでなく医学的処置が必要であるという答申は、「性同一性障害」の語を伴って、当事者たちの「地位」向上のために大きな役割を果たした。埼玉医科大以降には、岡山大・札幌医科大・関西医科大・大阪医科大でもGID医療への取り組みが始まり、相次いで専門外来の「ジェンダークリニック」が設立された。

SRSにまつわる虎井のエピソードとして、渡航費用と手術費用のために「缶ジュース一本買うのも惜しく、白湯に砂糖を溶いて甘味を補った」というものがある。国外での手術は金銭的にもハードルが高く、性別にまつわる就職困難に遭いやすい当事者にとって、その準備は容易なものでなかった。各地のジェンダークリニックには全国から患者が集まり、初診までに一年待ちという病院も珍しくなかったが、国内での正規医療が、それだけ多くの当事者に期待されているという証拠でもあった。わずかずつでもGID医療の拠点病院が増えていくことは、たしかに「よりよいほう」への変化といえるはずだった。

二〇〇七年はおそらく、日本のGID医療にとって記念的な一年になることだろう。一九九八年の正規医療開始から十年を前にして、GID医療は転換点を迎えている。三月には、乳房切除手術の失敗を理由に大阪医科大が提訴され、国内初のGID医療訴訟が始まった。訴状では、手術に伴うインフォームド・コンセントの不徹底や執刀医の経験不足、診療にあたるジェンダークリニック各科の連携不足が指摘されている。四月には正規医療に先鞭をつけた埼玉医科大が、突然GID医療の休止を発表した。主要な執刀医の退官や体調不良などが理由と報道されているが、病院側からの正式な見解はない。治療再開の目処はなく、事実上の撤退とも言われている。既に

＊2　ブルーボーイ事件とは、当時ブルーボーイと呼ばれていたセックスワーカー三人に性別適合手術を行ったことで、執刀医師が有罪とされた事件である。被告人医師は、別件の麻薬取締法違反と併せて懲役二年および罰金四十万円、執行猶予三年に処せられた。判決文は「性転向症（trans sexualism）に対して性転換手術を行うことの医学的正当性を一概に否定することはできないが、生物学的には男女のいずれでもない人間を現出させる非可逆的な手術である」と述べ、優生保護法第二十八条への違反とした。この判決はSRSそのものを禁じたものではなかったが、医師が有罪となった衝撃は大きく、GID医療が長く停滞する原因となった。

＊3　FTM日本は、虎井まさ衛が主宰するFTMの自助グループ。一九九四年に発足し、年四回の情報誌の発行などを行っている。

予約をとっていた三十人以上の患者がキャンセルとなり、その受け入れ先をめぐって大きな混乱が発生した。さらに五月には、これまで独自にＳＲＳを行っていた開業医が急死した。正規医療が開始される以前から、特にＭＴＦのＳＲＳに意欲的に取り組んできた医師であり、実数は明らかにされないまでも、国内で半数以上のシェアを担ってきたとみられている。ジェンダークリニックでのＳＲＳは年間十例程度しか実施されていなかったため、正規医療の開始後も多くの患者の受け皿となっていた病院である。

このような状況により、二〇〇七年現在、国内の正規医療を享受できる当事者はごく限られたものとなった。ＳＲＳに限っていえば、ほぼ皆無の水準に戻ったといってよい。手術を希望する当事者たちは、岐路に立たされている。いつ目処がたつとも判らない正規医療の再開を待つか、国内に見切りをつけて海外に渡るか、あるいは諦めるか。医療状況の変化によって、当事者たちのライフコースは大きく狭められ、また枠づけられていく。一方、望む治療がままならない当事者に対して、「性同一性障害エリート」の層も少数ながら存在する。二〇〇四年に施行された「性同一性障害者の性別の取扱いの特例に関する法律」(以下、特例法)によって戸籍を書き換え、生まれ持った性とは「逆の性」に同化・埋没することに成功した人びとである。この層は、身体的にも社会的にも「性同一性」を獲得しており、「元・性同一性障害」と呼んだ方が正確かもしれない。

本稿では、ＧＩＤをとりまく状況や言説を用いながら、特例法の存在によって当事者たちがどのような身体を選ぶのか、あるいは選ばないかを考察するものである。一見、性の多様性をすくいあげるかに見える特例法が、実際は医療状況と併せて、当事者のライフコースを限定する要因になっていることについて述べたい。

性別の取扱いの変更の審判（二〇〇三年制定時）
第三条　家庭裁判所は、性同一性障害者であって次の各号のいずれにも該当するものについて、その者の請求により、性別の取扱いの変更の審判をすることができる。
一、二十歳以上であること。
二、現に婚姻をしていないこと。
三、現に子がいないこと。
四、生殖腺がないこと又は生殖腺の機能を永続的に欠く状態にあること。
五、その身体について他の性別に係る身体の性器に係る部分に近似する外観を備えていること。
（「性同一性障害者の性別の取扱いの特例に関する法律」より）

特例法制定に際して、自民党は二〇〇〇年九月に性同一性障害に関する勉強会を発足した。その後、性同一性障害の法律的な扱いについての検討を経て、二〇〇三年に南野知恵子参議院議員が中心となって法案をまとめ、二〇〇三年七月に可決・成立、二〇〇四年から施行された。附則では、性同一性障害をとりまく状況を鑑みて、施行後三年を目処に内容を見直すことが定められている。二〇〇七年はその見直しの年にあたっているが、今のところ具体的な動きはみられない。

この特例法については、大きく分けて三つの論点がある。ひとつめは前述のように、特例法を基準とした性同一性障害の「エリート」と「落ちこぼれ」を現出させてしまった点である。「逆の性」への同化のニーズを明確にしている当事者は特例法によって救済されたが、それ以外の指向を持つ当事者は同法から除外される存在となった。特例法の恩恵にあずかることのできる当事者と、そうでない当事者との間には温度差が生じ、擬似的な対立状況が生まれてしまった。また、具体的に特例法が適用されるかどうかは、先に挙げた五つの要件を満たしている必要がある。これらの要件が妥当なものであるかどうかが、二つめの論点である。そして、特例法制定によって性同一性障害の枠組みを強固に再編してしまったことが、三つめである。定められた五つの要件が、特例法の内部にとどまらず性同一性障害そのものの「見なし」へとつながり、そこから逸脱するものを「偽物」としたり、周縁へと追いやってしまう圧力になったりしているという問題がある。

中でも要件について述べれば、争点となっているのは、特に「現に子がいないこと」と、「その身体について他の性別に係る身体の性器に係る部分に近似する外観を備えていること」である。前者の「現に子がいないこと」については、自らを「矯正」しようとして子どもを持つ当事者も少なくないため、子どもを持つ当事者から異議が挙がり、「GID特例法『現に子がいないこと』

要件削除全国連絡会」や「gid.jp」などの自助グループが活動している。具体的な動きとしては、子どもを持つ当事者にも戸籍の性別変更を認めるよう何件かの申し立てが行われたが、いずれも却下されている（神戸新聞「性同一性障害の即時抗告、棄却　大阪高裁」二〇〇七年六月十五日付）。その根拠について、大阪高裁は以下のように述べる。「この三号要件（子なし要件）は、性同一性障害者の性別の取扱いの特例を認める本制度が親子関係などの家族秩序に混乱を生じさせ、あるいは子の福祉に影響を及ぼすことになりかねないことを懸念する議論に配慮して設けられたものであることが、その立法過程に照らし明らかである。（…）これまで当然の前提とされてきた、父は男、母は女という、男女という性別と父母という属性との間に不一致を来たし、これを社会的あるいは法的に許容できるかが問題となり、ひいては家族秩序に混乱が生じるおそれがあること、あるいは、子に心理的な混乱や不安などをもたらしたり、親子関係に影響を及ぼしかねないことなどが、子の福祉の観点から、（…）三号要件が設けられたものである」。

最高裁によると、特例法施行後、二〇〇六年末までの性別変更の申立件数は六〇五件、うち五七三件が認められている（読売新聞「『性同一性障害』で戸籍上の性別変更、五七三件に」二〇〇七年二月二十一日付）。このうち認可が下りなかった三十例あまりについては、子どもを持つ当事者が敢えて申請したケースも多いと見られている。子なし要件に反対する自助グループは、見た目の性が移行しているにも関わらず戸籍が元のままだと、就業上の不利益があったり保護者同士の付き合いに困難が生まれたりし、却って子どもの福祉に反するという主張を行っている。

要件五の「その身体について他の性別に係る身体の性器に係る部分に近似する外観を備えていること」については、すなわちSRSを済ませていることと同義であり、造膣やペニス形成を課すものといえる。しかし前述のように、国内の医療状況は極めて不安定で、国内でのSRSには新たな見通しが立っていない。また、当事者の持つニーズや条件によっては、そもそも性器への手術を望まない／できない場合もある。特例法によって、本人が必要としない手術へと当事者を差し向けることは、重大な問題である(要件五については次章で詳述する)。

特例法はその要件をもって、GIDに対する抑圧的な規範・ライフコースのモデルを作り出した。つまり、結婚しておらず、子どもを持ったことがなく、生殖機能を持たず、性器形成を行った者こそを「GIDの本流」のように扱い性別変更の許可を与えることで、傍流を回収／排除する力を生み出したのである。この再編された「GID規範」は、「GID」というカテゴリの中に、個々人の持つニーズや、望む性の表現の仕方、身体のグラデーション等を没入させてしまうという結果をもたらしたといえる。特に生殖腺切除と外性器形成の要件は、当事者を女／男に明確に切り分け、二元化しようとするものであり、性別二元論の極致が表われたものである。特例法は、当事者の心身を、複合的な二元化の圧力にさらしているのである。

次章では、性器形成の要件が、当事者の実感・ニーズとどのようにずれているかを検証し、特例法が想定し得ない(あるいは想定を拒んでいる)「多様な身体」の存在について述べたい。

## 二、当事者の語りから見る「多様な身体」

特例法の成立を後押ししたのは、たしかに当事者たちのニーズであった。同法の策定過程においてヒアリングを受けた団体は、前掲の虎井まさ衛をはじめとした、当事者グループの先駆的存在である。これらヒアリングの「成果」によって、当事者の「同意」は同法に含意されたものとなった。虎井は、その著作のタイトルが示すように（『女から男になった私』、『男の戸籍をください』等）、「逆の性」への同化のニーズを、極めて明確なスタンスとして表明している当事者である。また埼玉医科大で初のSRSを受けたFTM当事者も、女声を嫌って金串で喉を傷つけたという有名なエピソードを持っている。埼玉医科大のGID医療に中心的に携わってきた原科医師は、「いかに自身の身体を憎悪し、違和を感じているか」を如実に示すこのエピソードによって、SRSに取り組む決意が固まったと各所で述懐している。

FTMの例で言えば、女性体への嫌悪は、次のような表現で語られることが多い。脱ぎたくても脱げない「女体の着ぐるみ」を着せられている気持ちだった。幼少時は、なぜ自分にペニスがついていないのか理解できなかった。いずれ生えてくるものだと思っていた——と。虎井が用いた「ヌイグルミを着ているだけ」というフレーズから派生したと考えられる「女体の着ぐるみ」は、女性体への違和を表わす定番の語句である。最近では、『ダブル・ハッピネス』（2006）でGIDをカミングアウトした杉山文野[*4]が、出版後のインタビュー[*5]で次のように語っている。

（…）幼稚園の時からスカートをはくことにはすごく抵抗がありました。女の子として扱われることにずっと違和感があって、女の子といても「女同士」に思えないし、思春期になると、「僕」として当たり前に女の子を好きになってしまう。[*6]「自分は女体の着ぐるみを身につけている」と感じ、何かいけない存在なのだと思い悩む日々でした（…）。

杉山は他にも「女体スーツ」の語を使い、自身の違和感を説明する。これらの言説は、当事者の苦しい胸の裡を語るものとして説得力を持っており、特例法やGID医療に関わる人びとの「慈善」の気持ちを高めるものでもあっただろう。GID当事者は強烈な身体違和に苦しめられるというイメージは、このようにして広く世間一般にも定着してきたのである。

これらの言説に伴って、GIDと性器形成手術は切り離しがたい関連性を持った。特例法が課す要件五は、女性の戸籍を望む者は女性器を、男性の戸籍を望む者は男性器を携えていること、そして当事者たちもそのような身体のあり方を望んでいる、ということを想定している。「戸籍の性別を変更したいGID当事者がいる」ということと、「性器形成手術を行いたいGID当事者がいる」ということは、どちらも事実である。だが当事者は必ずしも、戸籍の性別変更と性器形成手術を同時に必要としているわけではない。しかし特例法では、戸籍の性と性器の性をイコールで結び、性器形成の願望を持つ当事者をGIDの「スタンダード」として位置づける役割を果たした。前章でも言及したように、特例法の要件がＧＩＤ当事者の「見なし」に同一化してしまっているのである。特例法の要件を満たす当事者を「本流」として見なすとすると、それ以外の当事者は「傍流」として、常に回収されたり、排除されたりする危うさを強制される。

では、特例法がその対象としていない当事者たちは、自身の身体をどのように捉え、どのようなあり方を望んでいるのだろうか。「女体の着ぐるみ」とは対極にあるＦＴＭ[*7]の言説を、関西の若手コミュニティ「ＲＯＳ」[*8]の機関誌から拾い上げてみたい。

＊4　杉山文野は一九八一年、東京都生まれ。早稲田大学大学院教育学研究科修士課程修了。二〇〇四年度フェンシング女子日本代表。

＊5　楽天ブックス著者インタビュー（二〇〇六年十月五日掲載）より抜粋した。

＊6　『僕』として当たり前に女の子を好きになってしまう」という答え方は、ＦＴＭの典型的なライフヒストリーを踏襲しているだけでなく、ヘテロセクシズムも含んでいることに注意が必要である。本来、性自認と性的指向は別々の問題であるにも関わらず、「心が男だから、好きになるのは女性です」等、「男性の心を持つ自分」を「補強」する形でヘテロセクシズムが用いられることが多い。

＊7　ここでの「ＦＴＭ」は、本人たちが完全に自称しているわけではないが、前段との比較を判りやすくするために用いた。女性体からの移行を試みているという、広義の「ＦＴＭ」である。

＊8　ＧＩＤ当事者が関わる自助グループは日本に数多いが、大まかに関東と関西では特徴が異なる。関東では、ＧＩＤ当事者がそれぞれのニーズに応じてグループを形成することが多い（〇〇病院通院者の会、子どもを持つ当事者の会など）。関西では、ジェンダーやセクシュアリティを包括的に考えるグループの中で、トピックのひとつとしてＧＩＤが語られる場合が多い。参加者の層も多様である。ＲＯＳは「セクシュアリティを楽しむ、遊ぶ」ことを掲げている。

「ROS」の取り組みで特筆すべきは、参加者たちが自分の身体に対して何かしら折り合いのつかない感覚を持ちながらも、率直に自身の身体に向き合い、肯定していくという試みがなされていることである。「性別違和がありました」「着ぐるみを着ているようでした」等の漠然とした語りに留まらず、どの部分にどのような感覚を有しているのか、それがなぜ立ち現われるのかを詳細に検討している。特に、イヴ・エンスラーの『ヴァギナ・モノローグ』(2003)を模して「まんこ独り語り」を行い、女性器との付き合いを振り返る姿は、特例法が想定するGIDの姿としては有り得ない。機関誌が書籍化された『トランスがわかりません!!』(2007)から、いくつか引用してみよう。

> 私はFTMに同一化できなかった。そう思ったひとつには、他のFTMは、みんなまっしぐらに「男」への道のりを熱望しているような感じだった。パス[*9]をして、ホルモンをして、胸を切除して…。そしてそれを望んでいくことが、当たり前のような雰囲気だった。
>
> 同一化できないと思ったふたつ目には、FTMは自分の女である部分、女としての過去を否定しようとする傾向がある。「スカートが嫌だった」「水泳が嫌でしかたなかった」と「言わなければならない」雰囲気があった。もし、「昔は自分のことを女だと思っていた」などと言えば、「お前はおかしい」と言われかねない雰囲気があった。
>
> 「女からFTMになったけれど途中で辞めたワタシ／たかぎ」

FTMやFTX*10などを含む、とりあえずのまんこ持ちたちが、まんこのどこがイヤなのかを「身体違和感」という問答無用の用語（思考の停止）を使わずに、まずは想うこと、語ることが必要だろ。

GID・トランスなら「身体違和」があって当然なのか？（…）私たちのたくさんの性別違和を訴える文句は、社会から求められた、しかるべき言い訳なのかもしれない。

「まんこ独り語り／るぱん4性」

「きぐるみ着てる気分」とか「仮の姿」とか「入れ物」だとか、そんなこと言って自分の身体から逃げてたって無駄です。結局は全身取り替えるなんて無理なんです。性転換っつったって、パーツを変える程度しかできないんです。身体のほとんどは前のままなんです。

「トランス問題提起集　ぶっちゃけないでどうするの?!／るぱん4性」

＊9　パスとは、望む性として通用することである。「パッシング」とも言う。逆に、生まれ持った性を読み取られてしまうこと、バレてしまうことを「リードされる」という。

＊10　FTXとは、Female to Xの意。女性体からどこに移行したいのか着地点が明確でないこと、またそれを選ぶひとのことである。

生まれ持った身体への違和感や嫌悪がＧＩＤの大前提と見なされている現状では、当事者たちがそこに異議を差し挟むことはほとんどない。それはＧＩＤの規範から逸脱することであり、精神科での診断や戸籍性別変更のルートから降りることだからである。しかし「るぱん4性」は、「身体違和感」の語に安住して思考を止めることを拒否する。ＧＩＤを自認する人びとが口にする「身体への違和感」は本当のことなのか。生まれ持った身体を「着ぐるみ」に喩えて拒否したところで、医療によって変えられるのはパーツであり、身体をまるごと取り替えられるわけではない。その現実に立ったうえで、受け入れられる点・受け入れられない点を見定めることを提案するのである。これらの言説は、自身の身体が嫌いだと「言わされていく」構造に目を向け、「身体違和」「性別違和」の概念がＧＩＤ当事者を自縄自縛にしていく側面を明快に指摘している。自分の身体と人生とを「トータルで肯定していく」試みは、自身の選択と快適さの優先を明言した点において、当事者を枠づける特例法に対抗する身体のあり方を確立しようとしている。

これらの語りを、「女性器の存在を受け入れられるならば、結局ＦＴＭ（ＧＩＤ）の範疇に入らないのではないか」と除外してしまうことは簡単である。しかし「るぱん4性」が指摘するように、ＧＩＤにおける性別違和はどこまでが自明のものなのだろうか。特例法が想定する「性器形成を望むＧＩＤ当事者」の姿には、ＧＩＤ診断をくだす医療現場が生み出した「幻想」が入り込んではいないだろうか。

ＧＩＤの正規医療は、治療のガイドラインに基づいて、カウンセリングによる精神療法、希望者に対するホルモン投与、及び手術療法という順で進められる（二〇〇六年ガイドライン第三版）。ＧＩＤの診断がおりるまでには、主治医以外の精神科医によるセカンド・オピニオンの取得や染色体検査、心理検査、内性器検査等が必要となる。だが最も重視されるのは、当事者が生まれ持った性と「逆の性」の感覚をどれだけ有しているかという点である。それを確認するために行われるのが、ライフヒストリーの検討と、望む性での生活経験（リアルライフテスト）である。当事者はここで、自らがいかに性別違和を感じながら生きてきたかを述懐することになる。

以下は、大阪医科大ジェンダークリニックで用いられている問診票の内容である。

ジェンダークリニック問診用紙（一部抜粋）

「子供時代について」

服装はどうでしたか

遊び友達は男女どちらが主体でしたか

どのような遊びをよくしていましたか

「体験について」

今まで望む性のみで実際暮らそうとしたことがありますか

いつからいつまでですか
どのくらいうまくいきましたか
恋愛経験はありますか
恋愛相手の性別
性的欲求を感じますか
どういう相手に感じますか
マスターベーションをしたことがありますか
どういう想像をしますか
性交経験はありますか
性交経験の相手の性別

これらの問診が、実際のＧＩＤ診断にどの程度の影響を与えているかは定かでない。しかし、いわゆるＦＴＭを志向する者が、「子供時代の服装はどうでしたか」と聞かれて、「ピンク色のレースのついたスカートが大好きでした」「髪をリボンで結ってもらうのがお気に入りでした」とは答えにくい。たとえそれが事実だったとしても、「女児らしく」生育されてきたならば、「そのまま女性として生きていくことも可能なんじゃないの」と言われるかもしれない。それを怖れて、捏造したライフヒストリーを語る当事者も少なくないだろう。

この医療現場におけるGID診断の不確かさを、端的に指摘しているのが田中玲[*11]である。

私はそんな戸籍制度の中の性別変更のために「正規ルート」を取ろうとは思わない。精神科医に「本物の女」「本物の男」として「認めて」もらわなければホルモン投与や外科手術ができず身体が変えられないので、わざとMTF（male to female）はスカートをはき、メイクをし、FTMは短髪にしてできるだけ男っぽい服装で行く。それで蓄積されていく精神科の「GID」データは現実をゆがめている。これでは恐らく精神科は偏った情報しか持っていないのに違いない。

たまたま自分の好みがジェンダー・ステレオタイプに合っている人なら構わないが、MTFはより女っぽく、FTMはよりマッチョに、それが「正規ルート」が持っているジェンダーバイアスを強化してしまうことになる。

一般には、女でもボーイッシュな人はいて、短髪、ノーメイク、パンツルックしかしないという人は大勢いる。男でもメイクをしたり、髪を伸ばしたり、おしゃれをする人もたくさんいる。しかし、精神治療はそれを無視し、当事者たちの「認めてもらう」ための、ジェンダー・

＊11　田中玲は、FTX系ジェンダークィアを名乗るフリーライターである。ペニス形成を行わないこと、特例法ルートに乗らないことを明言している。

ステレオタイプにはまった過剰なアピールをそのまま受け取っている。これでは保守勢力の強化になるとしか思えない。（田中2006）

医師が診断の基準に「逆の性」への同化、性別二元論を持ち込むことによって、当事者の治療後の心身のあり方も二元化されがちである。また医師は、当事者が特例法を用いて男女に同化した方が利益になると（善意で）考えているため、本人が必要とする以上の身体治療を示唆することもある。また当事者側も、診断を受けることで発生する恩恵（学校や職場での「正式な」カミングアウト等）を期待するため、「ジェンダー・ステレオタイプにはまった過剰なアピール」を行う場合がある。それらのせめぎあいによって、ジェンダー・ステレオタイプのＧＩＤ当事者が必要以上に肯定されたり、歪められた当事者ニーズが一般化されたりという問題が起こるのである。

個人の感覚に根ざすものを判断することは難しい。名状し難い「性別違和」を持つ当事者がいることは、決して嘘ではないだろう。だが少なくとも現在の日本では、特例法と医療、その根底にあるジェンダー規範が、必要以上のことを当事者に語らせ、望む以上の医療にその身をさらす引き金となっている側面が指摘できる。

## 三、特例法の限界

ＧＩＤをテーマとしたあるシンポジウムで、会場にいる当事者に挙手を求めたところ、性別適合手術を受ける理由は「自分自身の身体違和、性交目的」より「戸籍変更のため」が圧倒的に多かったという。[*12] 戸籍変更のために医療を受けるという当事者のモチベーションは、果たして有効なものなのだろうか。特例法は当事者たちに、「自身の快適さが達成される身体」ではなく、「法を基準にした身体」を選ばせているのである。特例法は、当事者が期待する後ろ盾としての機能を果たしてくれるのだろうか。

特例法が施行されて三年、その運用実態は未だ検証されていない。この申請を取り扱うのは各地の家庭裁判所だが、それぞれの裁判官によって、要件を満たしているかどうかの判断は曖昧になっている。特に、性器形成手術を課す要件五についての違いは大きい。ＦＴＭの場合では、内性器摘出手術のみで「他の性別に係る身体の性器に係る部分に近似する外観」として性別変更を認可されたケースもある（針間2006）一方、却下されたケースもある。そもそも、生まれついての女性／男性であっても性器の形状は様々であるのに、どの状態をもって女性器／男性器に「近

＊12　針間克己医師の「Anno job log」、二〇〇七年四月二十九日付「性同一性障害　第1回　海外招待講演会」(http://d.hatena.ne.jp/annojo/20070429) より。

似する外観」とするのかは、裁判官の匙加減ひとつなのである。今後、要件の改正に伴って「◯センチ以上をもって男性器と見なす」と付け加えられるとはまさか思えないが、裁判官の判断に違いが出ること自体が、身体の多様性を示している。

これまでも要件五が批判されることはあったが、それは患者数に対して医療機関が少ないためSRSを受けることが難しいとか、地理的・体質的・金銭的にSRSを受けられない当事者もいる、という意味合いが大きかった。そもそも、性器の形状を法律上で定義することの無意味さと、性器形成が当事者の持つニーズに必ずしも必須ではないという観点を追加する必要があるだろう。

ROSが明らかにしたように、広く「GID当事者」という枠で括られる人びとの間にも、望む身体のあり方については幅広いグラデーションが存在する。中には、「胸あり、ペニスあり」、「胸なし、ペニスなし」など、「珍しい」折り合いのつけ方を選択する当事者もいる。

……乳なし、女性器あり、の一般常識からすると不思議な身体だ。しかし、私はこの身体となら仲良くしていけるだろうと思う。（田中2006）

他にも、その形状、大きさ、色、感覚などの基準を含めれば、当事者が選びうる身体のあり方は無限である。医学的にそれが達成できるか、維持できるかということはさておいても、それらの組み合わせ方のどれを快適と感じ、どれを実現したいと願うかという点は、他者からの要請で矯正されるべきものではない。その意味で、特例法が想定する当事者の身体は極めて偏狭であり、恣意によってGIDの枠組みを限定したものである。

にも関わらず、前章の最後で示したように、特例法適用に向かう当事者は少なくない。戸籍は日常的に見せびらかすものではないが、戸籍を頼りにする当事者は存在する。社会保障を受ける際、正社員としてはたらく際、そして「性別」を疑われた際、戸籍がものを言うと考えるのである。これは究極的には当たっているかもしれない。女性として暮らすMTFが「あなた、もしかして男なんじゃないの?」と聞かれたとき、(不自然だと思うが) 女性の戸籍を見せれば、その場をしのぐことはできるかもしれない。だがそれでも、疑いや好奇の視線までは避けられない。戸籍上の性別が示すものは「戸籍上の性別」以上のものでも以下のものでもなく、当事者の生自体を保障したり、向上させたりするものではない。「それだけのもの」のために、生命をも左右しかねない手術を要件として課し、身体のあり方までも限定しようとする特例法は、当事者に「賭けさせるもの」があまりに大きすぎる。

では当事者はどう行動すべきか。あくまで現行特例法を用いるのか、あるいは「ペニスのある女性」や「ヴァギナのある男性」の存在を認めるよう、改正を求めるべきか。目指すべきは、「特例法が想定し得ないGIDの状況がある」、「応答し得ない身体ニーズがある」、「特例法を用いても変わらないものがある」という事実認識を行ったうえで、現行特例法を支える医療状況と診断過程、男女二元的な社会状況ごと、解体してしまうことだろう。

ＧＩＤは個人の「疾病」ではなく、社会の「疾病」である。特例法はあたかも、個人の疾病を解消することに手を貸すような姿をしているが、そもそもの生きづらさや不自由さを生む原因ごと、当事者の領域に還元してしまおうとしている。究極的に変えねばならないのは、当事者の身体ではなく、社会の方であろう。

そのためには、厳しい選択ではあるが、当事者が「いずれ同化・埋没するための」トランス（性別移行）ではなく、ずっと「移行中」であることを期す必要がある。現行特例法が含む男／女の切り分けや、「一般的な」身体への同化、二元論への埋没を敢えて拒否し、境界線上にいることを示し続けることが重要だろう。

通行人や友人が「男か女か判らない人」だったり、「どちらでもない人」だったりすることが「あり得る」ということを、社会の経験として蓄積させる必要がある。そのためには、当事者が当事者たり続ける必要があるのだ。

## 四、おわりに

現行のＧＩＤ特例法では、多様な身体が投げかける問いに応答し得ない。そもそもＧＩＤ自体が、法制度や倫理の合間を縫って、薄氷を踏みつつ進んでいるようなところがある。条件つきの

「女性」「男性」に甘んじなければいけない特例法は、当事者に対する同化政策である。特例法の見直しもあくまで附則であって、確実に再検討されること、そしてそれがより良い方へと変わることを保障するものではない。「特別な法律」で囲い込まれることを選ばず、ＧＩＤの身体のあり方・生き方を再展望するためには、いくつかの方法があると考える。既存の男女らしさを強制するジェンダーをゆるやかにすること、女性や男性に分類できないひとの存在を事実として、社会に示すこと。ユニバーサルデザインがあるように、多様な性を前提とした社会システムの構築を提言すること、などである。

また当事者自身も、二元化への圧力を内面化せず、「どうしても変えられないもの」の存在を認めて、「中途半端」な状態を是とすること、医療や身体改変を絶対と思わされず、自身の心身に介入されたり、メイン・ストリームに回収されたりする仕組みを拒むことを考えていく必要がある。これらの考えを、「トランス・リベレーション」、あるいは「第三潮流」というような形で提言することができないか、考察を深めていきたい。

だがその際に留意せねばならないのは、当事者たちを困難に追い込むのは特例法だけではなく、法を下支えするＧＩＤの「規範」であるという点である。本文中で、特例法の要件に沿った当事者を「ＧＩＤのエリート層」や「ＧＩＤの本流」として表現したが、その背景には、明文化し得ない様々な「規範」が膨大に存在し、当事者を自縄自縛にしているのである。本物のＧＩＤであるならこう振る舞うべきだとか、パスするためにこういう努力をすべきだとか、髪型や服装が

「らしくない」だとか、まさに一挙手一投足にまで及ぶ規範が、ときに当事者間の相剋を生み、罵り合いに発展する。特例法が持つ問題点は判り易いものであり、これら「規範」の一側面を取り出したにすぎないと言えよう。仮に特例法の要件を限りなく緩和し、診断書のみで戸籍の性別変更を可能にしたとしても、当事者の苦しみは残り続けるだろう。差別や規範は遍在し、それぞれが置かれる状況によって圧力のかかり方が異なるからである。例えば「子あり当事者」は、規範への「負い目」を持つがゆえに、より正規医療に寄り添い、より慎ましやかであろうとし、ジェンダーに親和的であるかもしれない。あるいはポスト特例法の世代で、早くから治療を始めて「パス度」が高い層は、同化／埋没の度合いを深め、GIDそのものと関係を切りたがるかもしれない。当事者をめぐる力学は無限に現われ、齟齬を生み、GIDの「規範」にまつわるポリティクスそのものが消えることはないだろう。GID医療を美容整形の領域に組み込んでオーダーメイド医療と換言したところで、「出来映え」や「美醜」といった新たな物差しが生まれ、規範はさらに泥沼化する可能性がある。

この、言わば「GID規範」とポリティクスについての検討、そして、そののちにも残るかもしれない「身体そのもの」への違和や、価値の再配置については、次回以降の課題としたい。

（二〇〇八年）

# 第一章補論

第一章本論は二〇〇七年の夏に執筆し、その年度末に発表した。戸籍上の性別を変更するための法律で定められた要件について、特に「身体を変える」という観点から考察したものである。二〇二〇年現在、要件のうち「現に子がいないこと」は「現に未成年の子がいないこと」に変更されている。[*1] だが、身体に関する要件は手付かずのままである。

この法律がメディアで取り上げられる際、手術への道のりが容易でないことについて言及されることも増えてきた。[*2] 社会保障上の性別を変更するための法律は各国にあり、全六十六か国のうち二十七か国は（アメリカでも州によって）性別適合手術を必須要件としていない。医学的な診断を求めず、申請のみで許可される国も、アルゼンチンや北欧など十一か国が存在する。これらの国は、ほぼ全てでナショナルＩＤ制度が導入され、行政の管理が家族ではなく個人単位であるこ

＊1　一般財団法人アジア・太平洋人権情報センター（ヒューライツ大阪）「性同一性障害特例法、戸籍変更の要件を一部緩和」https://www.hurights.or.jp/archives/newsinbrief-ja/section3/2008/06/post-49.html

＊2　しんぶん赤旗「性的指向の差別ない社会を　ＬＧＢＴ関係者、共産党に要請」http://www.jcp.or.jp/akahata/aik17/2017-08-30/2017083001_03_1.html

とが指摘されている（石井ほか2017）。特例法をめぐる報道が、そもそも戸籍の存在がネックであることに言及することは極めて稀であり、あくまでも戸籍制度の存在は織り込み済みである。[*3]

本文に登場した「医師は（…）本人が必要とする以上の身体治療を示唆することもある」という部分は、実感を伴った話である。「はじめに」で述べた通り、私は生殖器の手術をするつもりがない。それをジェンダークリニックの精神科医には始めから伝えていた。それでも、初診から優に二年は経過した頃だろうか、何かのきっかけで医師は言った。「下の手術もして、戸籍も変えた方が絶対に生きやすい」。これまで話してきたことを聞いていたのだろうかと耳を疑った。のちに開示請求をしたカルテを見ても、手術を示唆した旨は記録に残されていない。この医師は現在も、複数のジェンダークリニックで診察を続けている。二〇一〇年代後半に診察を受けた者は、やはり希望していない種類の手術を勧められたことがあると語った。医師は少なくとも十年以上、「本人が必要とする以上の身体治療」に言及していることがわかる。

身体のあり方を他者に提示されるという経験をし、同じような事例を聞き及ぶうちに、私の中には「自分の身体は自分が変えたい範囲で変えてよいはずだ」という（当然の）思いが生まれた。二〇〇〇年代前半は「性同一性障害」の認知が一気に広まった頃であり、メディアで流布されるストーリーは極端に悲劇的であった。その雰囲気も、身体への必要以上の憎悪を助長しているのではないかという疑念を抱かせた。身体の変えたい部分は変え、変えられない部分とは折り合いをつけるしかない。ひょっとすると好きになれる要素もあるかもしれない。「ROS」の言説にも見られるトランスジェンダーと身体の新たな関係について考えを巡らせるうちに、「ナルシストランス」という造語が浮かんだ。「ナルシシスト」と「トランスジェンダー」をかけた言葉遊びだが、この考えを一度は表明してみたいと思い、二〇〇九年にシンポジウムを開いた。開催に寄せて、次のような惹句を書いた。

「悲劇のライフ・ヒストリー　感動のカミング・アウト　その先にあるものは一体なに?
「メディアに取り上げて貰えるだけありがたい」「We shall overcome」
そんな時代はもうおしまい　誰に承認されなくとも　誰に祝福されなくとも
「わたしたち」はこの身体を語り　この身体を愛する道を探り　この身体を表現し始める

今ならば選択しない言葉の使い方もあるが、「身体を憎みぬいて悲惨な人生を過ごし、手術を目的に生き、周囲に受け入れられてゴール」という物語の氾濫に対抗したかった。関連企画として写真展も開催した。他者を一方的に「女性」や「男性」と判断する基準を問い直せたらという目的で、様々な着衣と、そのイメージを裏切るような半裸のショットを展示した。スタッフと被

*3　戸籍に関わる問題は第二章の最後でも言及する。

写体にはシスジェンダー（性別移行をしない人）の有志も含まれた。

ところが、この写真展をめぐって事件が起こった。事前に通告なく、また現物を見ることのないまま、当時の副学長と教学担当理事の判断ですべての写真が強制撤去されたのである。*4 写真は折り曲げられて段ボールに詰め込まれ、ほとんどが傷んでいた。展示の手続き自体に問題はなく、撤去される直接的な理由はなかった。一部で流れたデマのように性器が写っていることもない（趣旨に照らせば、あってもおかしくはなかった）。一連の出来事は新聞記事となり、インターネットでも配信された。*5 当時、「トランスジェンダー」では読者に通じないだろうというデスクの判断で、見出しには「性同一性障害」の語が使用された。

大学との話し合いでは、関係者のひとりが「女子学生も多く見る中で、このような写真はどうか」という認識を示すなど、そもそもジェンダー問題への理解が追いついていなかった。対応に手を焼く中、一通のメールを受け取った。ネット上の報道でこの件を知ったこと、企画の内容に共感して応援するという内容が書かれていた。差出人の名には「蔦森樹」とある。高ぶった気持ちで返信した。「メールをありがとうございます。もしかして、『男でもなく女でもなく』を書かれた、あの蔦森さんでいらっしゃいますか」。

蔦森樹は、一九九六年頃からメンズリブ（男性らしさの強制に反対する考え方）に関する書籍の翻訳や執筆に携わってきた。『男でもなく女でもなく』は自らの性別移行を振り返った作品である。

蔦森は身長一八〇センチの体躯で髭をたくわえ、七五〇ccのバイクを乗りまわすフリーライターだったが、二十三歳の朝方に突然「男のデッドエンド」を迎えた。母親の仕立てたターコイズブルーの女性用スーツを着て出掛ける序章やヌードモデルの仕事にまつわるエピソード、「男性でも女性でもない」あり方を見出していく過程などが強く記憶に残る一冊だった。文庫版に収録されていた「性同一性障害」に関するコラムも繰り返し読んだ。新たな文章を発表していない蔦森が何を考えているのか知りたいと思った私は、聞き取り調査をさせてほしいと申し出た。「今になって私の話を聞きたいという人がいるなんて」と驚く返信は、次のように続いていた。「二〇〇三年七月、特例法が国会で通過するのをテレビで見ていて、これで私の戦いは終わったのだ、負けたのだ、とそのとき思いました。それからは、もう社会の思惑など一切無視して、アウトローで勝手にやるのだと決めました」。

あれほど厳しい要件を伴う性同一性障害特例法が成立したのは何故なのかという疑問、その一端を知る機会が思わぬ形で訪れた。特例法成立は二〇〇三年七月のことである。蔦森は運動の第一線を退き、生活の半分を沖縄に移した。蔦森が活動から「引退」したことは、法制度や医療が

＊4　写真強制撤去に関する、立命館大学グローバルCOEプログラム「生存学」創成拠点・拠点リーダーの見解。http://www.arsvi.com/ts/20090016.htm
＊5　当時の記事のアーカイブ。http://www.arsvi.com/2000/090125.htm

トランスジェンダーの身体に介入することを問う立場において、多大な損失であったと考える。「性同一性障害」の診断による医療を利用しながら、そのイメージにそぐわないとバッシングを受けた私は、特にそう感じていた（性同一性障害の診断に伴って発生する「規範」については次章で改めて述べる）。蔦森は青年期までを「男性」として過ごした上で性別を移行しており、「子どもの頃から自分の身体が嫌だった」という典型的な語り方をしていない。「万人好みの、現在ではうけいれられやすい理由――私はゲイだから、女性として男性に愛されたいから、心が女だから――」（蔦森 2001）を持っていない蔦森の存在は、特例法要件の埒外にある。

二〇一一年三月始め、沖縄で二日間にわたる聞き取りの日程を組んだ。気持ち良く晴れていた。蔦森は、「沖縄名物」のひとつだというファストフード店に車を走らせながら言った。「特例法成立のとき何があったか、今まで誰にも話したことがないんです。でも、いつか誰かに話したいという気持ちが、どこかであったのね。それが今なのかもしれない。これから話すことは、どこでどのように引用してくれても構わないし、事前の許可も要らないから」。その横顔は清々しいものですらあった。

ファストフード店の席につき、蔦森に最初の質問を投げかけた。

「あまりに漠然としていて、乱暴な質問になってしまうのが恐縮ですが……、今後、日本におけるＧＩＤという概念に展望があると思われますか？」「本気で訊いてるの？　展望があるとは、言えない」

戸籍上の性別を変更する特例法の立法に関しては、「性同一性障害」の当事者として、自らの性別移行を早くから公にしていた虎井まさ衛が尽力した。他にも中心的なメンバーとして、「Trans Net Japan：TSとTGを支える人々の会」の運営に携わる野宮亜紀などが活動していたという。現在でもメディアの特集記事で頻繁に紹介される人物たちである。議論の中心となっていたのは、法務省側との折り合いをどのようにつけるかということだった。初めから「本人の意志のみで性別の変更ができる」という法律になるわけもなく、落とし所が必要であった。結果的にそれが五つの要件であり、当事者グループのヒアリングを踏まえたうえでの内容、ということになっている。五要件を再掲する。

一、二十歳以上であること。
二、現に婚姻をしていないこと。
三、現に子がいないこと。
四、生殖腺がないこと又は生殖腺の機能を永続的に欠く状態にあること。
五、その身体について他の性別に係る身体の性器に係る部分に近似する外観を備えていること。

蔦森は、これらの要件が具体的に提示されるのを待つまでもなく、「性同一性障害」という疾患名がもたらす負の側面を指摘していた。大阪市の女性施策推進課機関誌『CREO』（二〇〇〇年十一号）に発表した「人は弱者にならを優しくできる？　――最近の好意的ＧＩＤ言説とジェンダー視点の隠蔽」には、以下のように書かれている。

日本での近況は、（…）九七年には日本精神医学会の「性同一性障害に関する特別委員会」が答申と提言を発表し、九八年十月には同大学で国内初の「正式な」手術が一例（女性から男性へ）行われている。九九年には男性から女性への「正式な」手術が行われた。

だが、これら従来の疾病分類の概念からではなく、逆の性を生きる個人とその個人を含んだ現代社会を、ジェンダーの変数（視点）で見るとどうなるだろうか。

人間すべての多様な身体が二つの性別（セックス）「男性と女性」に分けられるという定義は、人間すべてが社会的文化的な性別（ジェンダー）「男性階級と女性階級」のどちらかに必ず属するという社会的規範由来の指標が反映したものだった。このため、科学的であると一般に信じられている「男性と女性がある」という信念体系は、科学的な根拠を持たない疑いが生じた。（…）同様に、心に二つの性別があるという定義もまた、ジェンダー性二分の社会規範の指標を用いた科学的根拠はない。男や女の身体があり、男や女の心があるという区分それ自体が社会通念の産物であった。（蔦森 2001）

ＧＩＤの人たちの身体の手術はむしろ、「セックスの性別と、ジェンダーの性別と、アイデンティティの性別が、同じものでなければならない」と依然考える硬直社会の中で、ストレスを減じながらアクセスしやすくするための、個人の生き方の質の向上を求める医療行為（患者主体の医療、医療のＱＯＬ）だ、と理解した方がよいのではないだろうか。
（…）さらに、「相対的に標準」なるものからの変形（逸脱）を構造的に階級化し、それを排除する社会システムを見えなくくし、そのシステム下位に置かれた人たちの『自分であることの権利』、人権の問題だったことがわからなくなるかもしれない。（同）

ここでは、「性同一性障害」と診断された層を含むトランスジェンダーに対して、医療が強大な権力として作用することを予感している。また私が本論の中で述べた、特例法によって「性同一性障害エリート」層が現われた点と、「結婚しておらず、子どもはいない方がより良く、生殖機能を持たず、性器形成を行った者こそを『ＧＩＤの本流』のように扱い、性別変更の許可を与えることで、傍流を回収／排除する力を生み出した」点も、蔦森が案じた通り「『相対的に標準』なるものからの変形（逸脱）を構造的に「階級化」した結果だと言える。

特例法の成立を目指して、虎井・野宮らは、南野知恵子法務大臣（当時）との面談を重ねた。南野は元助産師の立場から、リプロダクティブ・ヘルス／ライツ（生殖に関する健康と権利）の普及に取り組んできた人物である。しかしトランスジェンダーについては、「性同一性障害」という疾病をベースに認識していたようだ。二〇〇二年九月に南野へのインタビューを行った田原牧は、立法化について南野が「『(世間を納得させるため)男女を決定するのは脳の研究が決め手』と繰り返した」ことを明らかにしている。同時に「(…)南野氏の視点に戸籍という家父長的なシステムや社会的な性(ジェンダー)を問う視点が一切なかったことが気を重くさせた」(田原 2003)とも述べている。南野の率直な慈善を疑うものではないが、ジェンダー規範そのものを問題とする発想ははじめからなかったのだ。要件三の「現に子がいないこと」を定めた理由についても、国会で「現に子供がおられる場合にも性別の取り扱いの変更を認めるとなると(…)これまで当然に前提とされてきた、父は男、母は女という概念が崩れてしまうのではないか」と答弁している[*6]。あくまで現行の制度や価値観を脅かさない範囲の「厚意」なのだと考えれば、とてもわかりやすい。「この法律をつくった私の気持ちは、一つには、御病気であるからというところに一つの大きなポイントを持っております」という結論は、交渉の中で容易に動かせるものではなかっただろう。

この頃の事情を、虎井はこのように振り返る。

与党3党でプロジェクトチームができた、というニュースが流れてほんの数日後の5月中旬に、『性同一性障害の性別の取扱いの特例に関する法律(仮称)骨子案』が発表された。ものす

ごいスピードだった。プロジェクトチームの座長は南野知恵子参議院議員（自民党）である。（虎井2003）

（…）野党の議員や南野議員その人にチラホラ陳情に回っていたし、家裁の却下が相次いだあたりからはさらに熱を入れて「立法しかないんです」と説いて回っていた。けれども骨子案発表直後から、「大変だ、日にちが無い。なんとかして早めに多くの議員、特に自民党内の、まだこの問題に慣れていない議員に同意していただかなくては」と（…）みんなで組織だって回るようになった。（同）

南野の認識に鑑みれば、他の議員に語られたであろうエピソードも、自ずと想像がつく。従来の社会規範を前提に「性同一性障害」の窮状を訴えるとすれば、「心の性」と「身体の性」が違うのは辛い、ということだろう。一部の当事者の実感として決して嘘ではないし、身体を嫌って自傷した経験や、周囲との不和と孤独、手術のために渡航するエピソードなどは、心を揺さぶるものである。実際に虎井は、道半ばにして斃れた仲間についても話したという。

苦労して身体を変えても、戸籍が変わらないと生きづらいという嘆きは伝わりやすい。男女別

＊6　平成十七年二月二十五日第一六二回衆議院予算委員会第三分科会一号 会議録情報189より。

の施設を使うときに困る、身分証を提示するとき煩わしい、病院にかかる際にためらう、などの深刻な悩みもある。あるいは戸籍制度に焦点を絞るなら、戸籍を変更して結婚したいという訴えも理解を得やすいであろう。これらは確かに保障されるべきトランスジェンダーの権利だが、制約の中でそれを表現するときは、社会規範においてマジョリティに近いスタイルが優先される。子どもを持つ当事者、手術を必要としない当事者は周縁化された。それは法律制定から十五年以上が過ぎても続いている。

骨子案が発表された時、そのような子どもをもつ当事者が猛反対を始めた。気持ちはわかる！（…）けれども「現在の日本の、特にあまり若いわけではないセンセイ方の間を通すには、この要件が入っていてさえ難しいのだから仕方がない、その代わり〈3年後に見直しする方針〉という検討条項を付けるから」と聞かされて、「それなら、まあ……」と私は納得したのだった。スンナリ納得したわけではない。（同）

虎井は「法案をまず通し、それから見直しのための手助けを精一杯しよう」と考え、陳情を続けた。

「虎井さんに対して、一度だけ訊いたことがあるんです」

蔦森は語った。

「虎井さんに初めて会ったのは二〇〇一年九月。カルーセル麻紀さんが大麻取締法違反で『男子房』に留置されて、保釈後に早稲田大学の講堂で報告会があったの。報告を聴きに行って、会場で偶然、虎井さんと野宮さんに会いました。虎井さんと会ったのはそのときだけ。終了後に、三人で近くの食堂で軽く食事したんです。

食事をしながら、やっぱり『虎井さんのロビー活動で余波を受けるであろうトランスジェンダーの人たちのことはどうするのか?』と訊かざるを得ませんでした。虎井さんの答えは明確で、『トランスのことはトランスでやってくれ』。

特例法の五要件の話は全く知らないときだったので、虎井さんがGID中核群の人のことで手がいっぱいなのは理解できると思った。私は、虎井さんの活動の邪魔はしない、とはっきり伝えました。トランスジェンダーのことをやろうと思ったわけ。むしろ協力したいような気持ちがあった。性で苦しむマイノリティ全体が少しでも良くなってほしいのは共通の思いだ、と理解したから――」

虎井は早い段階から強烈な「性別違和」を感じ、自分は男性であるという確信があった。情報の乏しい時代、望む手術が当時の日本で出来ないと知るや、アメリカの医師にコンタクトをとって受け入れ病院を開拓した。爪に火を灯すような生活で資金を貯め、二度の渡米で身体の性別移行を果たしている。一方、蔦森の性別移行は突発的であり、ある朝、発作的に髭を剃り落としたことからスタートしている。身体への憎悪を明確に語っているわけでもない。聞き取り調査の中では、女性の身体を美しいと感じる心、自分もそこに近づきたかったという気持ちが感じられた。

「私は女性が好きで、とにかく女性という存在に憧れたんです。それで自分も女性になりたい、と思って実現してしまった。『女フェチ』なのね」

この感覚を、特例法に携わる他のメンバーがどう捉えていたか、今となっては知りようがない。だが蔦森が実質的に議論から排除されたという事実だけはある。

「寝耳に水でした。あんな要件がつくってこと、一切、知らなかった。政府と合意して、もう内容が覆せないっていう段階で初めて、ネットで知りました。ああ、そういうやり方をするわけねぇ、と思った。政治に使われた、と理解しました。嫌な『男は男らしく』、『女は女らしく』が、デフォルトとして出ているじゃない。どれだけ手術しても、戸籍を変えても、本質的に嫌な部分は変わらないんだって言ってしまいたかった」

最後に野宮と会った際のことを、蔦森はこう語る。

「特例法成立の数ヶ月前、街で本当に偶然、野宮さんと会いました。この偶然は怖かった。五要件が出た後だったから、虎井さんや野宮さんに裏切られたような気持ちでいっぱいで、とても失礼な言葉を浴びせてしまったんです」

蔦森は、去っていく野宮の背中に向かって訊いたのだという。

「野宮さん！　それじゃ、あなたは『性同一性障害者』でいいんですね？　ＧＩＤという病気の患者として生きていくんですね？　あなたは『性同一性障害者』なんですね！」

トランスジェンダーが、「性同一性障害」の当事者として法制度に組み込まれることへの強い抵抗が滲んだ――文脈として、障害そのものを悪とみなしているわけではなく、ディスアビリティについて「障害学」という知見も存在することを補っておく――言葉だった。

特例法成立のために尽力した上川あやも、議員立法の話があること自体を知ったのは、突然のことだったようだ。

二〇〇三年五月十三日。区議員当選からわずか二週間後に、突然そのニュースはもたらされた。自助・支援グループ「TNJ」の活動、国会陳述、区議選と、苦楽をともにしてきた野宮亜紀さんからの電話で、「性同一性障害」の性別変更について、与党内に議員立法の動きがあることを知らされたのである。（上川 2007）

当事者の実態に見合わない要件がついても、立法を急ぐ理由があった。特例法成立をめぐって与党と野党が対立した場合の可能性を、上川は三つ挙げている。ひとつめは、可能性は薄いものの強行採決。二つめは、実質的な棚上げと同義の「継続審議」。最後が、審議が完了しないまま時間切れとなった場合の自動廃案である。数ヶ月後の秋には衆院選が見込まれる状況であった。

本心だけを言えば「こんな要件はおかしい」と私たちの誰もが思っていた。しかし、今回の議員立法が頓挫するということは、私たち当事者全員が、相も変わらず社会制度の埒外に留まることを余儀なくされるということを意味した。

理想を口にすることはたやすい。評論家ならそれもいいけれど……。限られた時間の中で下した苦渋の決断。特例法の成立を優先させる上で、私たちは骨子案にある「附則」の堅持にこだわることにした。（同）

上川は手術要件に批判があったことにも触れているが、立法段階では「子なし要件」をめぐる攻防を焦点として描いている。当事者が最も大きく割れた要件であり、廃案を阻止するためのポイントであったことは間違いない。しかし、それでは、手術要件に反対した者の声にはどこで出会えるのか。

特例法の成立によって、文字通り「生きながらえた」者もいるだろう。戸籍を変えたことで日常のストレスから解放された者がいれば、それもやはり喜ばしいことだ。立法までの内実が「GID当事者たちの苦渋の決断」という単純な物語でないことは、当時も少数ながら伝えられていた。[*7] だが、それはどうしても、子どもを持つ当事者の視点が多い。そして、戸籍を変えるために、法律に合わせて身体を変えねばならないことの不当さについては、改めて強調しておきたい。

特例法成立後には、「性同一性障害」当事者のコミュニティが活発になり、請願活動や関連の企画開催、交流の場の提供など、広範な取り組みが見られた。その中からは「GIDとトランスジェンダーは異なると声を大にすべき」、「GID学会に『生き方』の話を持ち込むことがそもそも間違っている」という主張も現われた。[*8]「性同一性障害」は疾病、トランスジェンダーは生き方として切り分ける考えは、一定の影響力を持っていった（疾病治療に伴うQOLなどは生き方とも密接に関わると思うのだが）。こうして、ジェンダーを問う視点やそれぞれが持つ人格は、精神疾患という傘が落とす影の下に追いやられたのである。

パトリック・カリフィアの『セックス・チェンジズ』（カリフィアほか 2005）は、ジェンダー・アウトロー（ジェンダーからの逸脱を選択する立場）による刺激的な作品として紹介されている。原著は一九九七年に発刊されたのち一度改訂され、日本では二〇〇五年に翻訳された。そこには野宮亜紀も寄稿し、「当事者の中には、性別適合手術を望む者と望まない者、望みの性で生活を送る者と送らない者、『普通』の男女として世間に溶け込みたい者と積極的なクィア・アイデンティ

＊7　東京新聞の記事「傷跡残した『性同一性障害特例法』公布」（『東京新聞』二〇〇三年七月十七日付）などを参照。
＊8　山本蘭のツイッターによる。https://twitter.com/RanYamamoto/status/296291418723450880、https://twitter.com/RanYamamoto/status/78270889040412672

ティを持つ者など、様々な立場の違いが存在する」（野宮 2005）と書いている。野宮は当事者コミュニティに長年携わってきたのだから、実感として当然わかっていることだろう。

蔦森の『男でもなく女でもなく』は、『セックス・チェンジズ』よりも四年早い。具体的な構成こそ異なるものの、どちらも「典型的」ではない性別移行の旅路を描く。その終点で性別二元論は意味を失い、もはや旅人のもとに留まることはない。特例法制定のせめぎ合いの渦中でなかったら、野宮は「様々な立場の違い」を体現する蔦森を肯定できただろうか。次に立法できるチャンスがいつ来るかわからない状況であれば、蔦森を実質的に排除するのもやむを得なかったのだろうか。目的達成を第一義としたとき、「本当はわかっているはずの人」が体制側に譲ってしまうことは、社会運動においてしばしば見られる綻びではある。特例法制定の過程においてそれは、性別二元論に居場所を見出せない者を更なる周縁に追い立てたのではないか。

蔦森とは二〇一一年以降も何度かやりとりしたが、聞き取りの内容をこうして本の形にするまで、余りにも時間がかかってしまった。「自分の利益のために魂を売るのは絶対に嫌」だ、と断言した表情を記憶している。沖縄での生活も十五年以上になり、「もう論陣を張るつもりはない」と蔦森は言う。九十年代に出版された挑戦的な言論[*9]を振り返ったとき、粘り強く運動現場に留まる者がいる一方、現在では名前を見なくなってしまった人物も多い。蔦森が聞き取りの始めに口にした「いつか誰かに話したいとは思っていた」という言葉は、語り得ぬ理由によって姿を消したかもしれない、見知らぬ誰かの存在を意識させた。

かつて「性同一性障害」にまつわる悲劇の物語が隆盛を極めたように、性同一性障害特例法にまつわる報道も、一定の方向からなかなか突き抜けていかない。メディアには「物語」以上のものを掘り起こす努力が求められる。多様性の語り手が「いつものメンツ」ばかりでは、逆にその内容は多様性を失ってしまうのだから。[*10]

第二章は、これまで何度か登場した「性同一性障害」の診断にまつわるイメージを、「ＧＩＤ規範」と名づけて考察していく。

＊9　例えば、クィア・スタディーズ編集委員会による『クィア・スタディーズ'96 クィア・ジェネレーションの誕生』（クィア・スタディーズ編集委員会編 1996）や、それに続く『クィア・スタディーズ'97』（クィア・スタディーズ編集委員会編 1997）など。「多様な性」という無難な表現には収まらない書き手が集合したが、二冊で幕を閉じることになってしまった。

＊10　この原稿を執筆している時点のニュースとして、特例法にまつわる初めての最高裁判断が出たことを書き添えておく（日本経済新聞二〇一九年一月二十四日付「性同一性障害者の性別変更、手術要件は『合憲』」https://www.nikkei.com/article/DGXMZO40408630U9A120C1CR8000/）。性別適合手術の要件が合憲か違憲かについて争われた家事審判で、「現時点では合憲」という決定のもと、申し立ては却下された。しかし裁判官の四人中二人からの補足意見として、特例法の施行から七千人超が性別変更を行い、「性自認」に沿った扱いを受けられるようになっているという指摘があった。その上で、手術要件について「規定は憲法違反とまではいえないものの、その疑いが生じていることは否定できない」、「性同一性障害者の性別に関する苦痛は、性自認の多様性を包容すべき社会の側の問題でもある」とし、「人格と個性の尊重という観点から適切な対応がされることを望む」という言及を行った。決定そのものにも、「合憲かどうかは不断の検討が必要だ」という文言が含まれる。

# 第二章　ＧＩＤ規範からの逃走線

## 一、はじめに

心のような体があればいいな、
と、ザ・クロマニヨンズが歌う。
「心のような体」――当たり前のようでいて、どこか衝かれる響きだ。少なくとも、「健全な肉体に健全な精神が宿る」といった警句の類ではない。なるほど「心のような体」があれば、オペラ座の怪人も、シラノ・ド・ベルジュラックも、その苦しみを免れたかもしれない。ひとは、ままならぬ体に懊悩する。美醜、サイズ、あるいは形や機能、そのほか数えきれない理由によって。

これから述べるのは、「心のような体」を持っていないとされる人々の中で、殊に心と体の「性」の不一致が問題となる場合である。「性同一性障害／Gender Identity Disorder（ＧＩＤ）」と言えば、通りが早いかもしれない。「性同一性障害」は、今やドラマや映画の題材となり、多くの当事者の自伝が発売され、その認知が高まっている。一般にそれは、喜ばしいこととして語られる。「性同一性障害」者の存在が周知されること、ガイドラインによって国内で合法的な医療が受けられること、場合によっては戸籍上の性別も変更できるということ、これらは（課題を孕みつつも）前進と見なされてきた。

しかしこの前進は、同時に致命的な欠陥を生み出してもいる。それは、「性同一性障害」の当事者が「患者」であるということだ。端的に言えば、心身の合間で「性」がしっくりこないという状態は、ライフスタイルでもなく、人格でもなく、「疾病」なのだ。その前提に基づいて立法が行われ、多くの運動が進められてきた。性同一性障害医療、すなわち医師によって診断がおりるというシステムは、「疾病ならば仕方がない」という消極的な〝理解〟に寄与した一方、その枠組みで捉えきれないものを殺ぎ落としてきた。この医療的な枠組みに、既存のジェンダーや性別二元論が加わって、確かに新たな規範が現われている。それを、「ＧＩＤ規範」と名づける。

本稿では、ＧＩＤ規範とは何か、それを支える状況とは何かについて、いくつかの視点から考察を試みる。そして、今まさにＧＩＤ規範を打破しようとする言説に触れ、「心のような体」を望む人々の一部がどのように生きていくことができるかを、希望の立場から提言するものである。

## 二、「正規」か、「非正規」か

「性同一性障害」とは、「Gender Identity Disorder」の訳語で、アメリカ精神医学会の診断基準のひとつである。生まれ持った「生物学的性」と、自分の性をどう認識するかという「性自認」が、うまく噛み合っていない状態である。ごく簡単な理解としては、「体の性」と「心の性」にズレが生じているものと言える。GIDという語が流通する以前には、この症状は「性転換症」「性転向症」などと呼ばれ、正式な医療の対象とはされていなかった。日本では、睾丸摘出手術を行った医師が優生保護法違反で有罪判決を受けたブルーボーイ事件の影響が長く尾を引き、性別適合手術(Sex Reassignment Surgery、以下SRS)がタブー視されてきたという歴史もある。

そこに先鞭をつけたのが埼玉医科大学であった。日本精神神経学会は、一九九六年に「性同一性障害に関する答申と提言」を発表し、一九九七年に「性同一性障害に関する診療と治療のガイドライン(指針)」[*1]を作成した。性別違和を疾病と位置づけることで、健康上は問題のない身体にメスをいれるという倫理的な問題をクリアしたのである。これを受けて、一九九八年に埼玉医科大で日本初の公的なSRSが行われ、大きな注目を集めた。これ以降、岡山大・札幌医科大・関西医科大・大阪医科大でもGID医療への取り組みが始まり、専門外来の「ジェンダークリニック」が設立された。これらの拠点病院で治療を受けることは、「正規医療」「公的医療」「正規ルート」などと呼び習わされている。一方、個人病院や諸外国において、当事者たちが開拓してきた独自の医療ルートは「闇」と呼ばれる。正規医療の開始後であっても、膨れ上がる受診者

*1 日本精神神経学会のHPから閲覧できる。現在は第四版に改訂されている。http://www.jspn.or.jp/04opinion/2006_02_20pdf/guideline-no3.pdf

数に耐えかねたり、正規ルートの必要性を感じなかったりという場合は、独自に手術を終える当事者も多い。

どちらのルートを選択するかは、当然、それぞれの経済的・年齢的・地理的条件や、判断に委ねられるだろう。しかしここに、ひとつめのGID規範がある。医療ルートが正規なのか、非正規なのか——最低限、「診断書」がおりているのかどうか——という点に、価値が置かれる場合がある。GIDの診断は、ジェンダークリニックをはじめとする精神科に通院を重ね、いくつかの心理検査や染色体検査、セカンド・オピニオンなどを経て下される。この通過儀礼によって診断を勝ち得たかどうかで、「GIDの真贋」を判断したがる層が存在する。しかもそれは、医療者から当事者に向けられるものだけでなく、当事者間の相剋としても現われる。診断を受けていない当事者は、診断済みの当事者から、ときに「どうせ自称でしょ」、「なりたがっているだけ」、「思い込み」などの言葉を向けられることがある。診断も受けていない人間がGIDのような振る舞いをすることは、「本物のGID」の信用を下げる、というのである。おそらくここに含意されるのは、正規医療によって担保されたものが壊されることへの恐れであろう。GIDは、趣味嗜好によるものや、気の持ちようで解消できる問題ではなく、医学的な処置が必要だという見解である。診断書を得ることによって、女装／男装者・性的倒錯者・変態などのそしりを免れていると考える当事者にとっては、GIDと正式に診断されていることが後ろ盾なのである。中には、診断書を常に持ち歩いている当事者も存在する。

しかしＧＩＤの診断現場では、医師と当事者の駆け引きが起こっている。ある種の典型的なライフヒストリーと行動様式とを携えていれば、診断を受けること自体は難儀ではないはずである。それを明快に指摘しているのが田中玲である。

精神科医に「本物の女」「本物の男」として「認めて」もらわなければホルモン投与や外科手術ができず身体が変えられないので、わざとＭＴＦ（male to female）はスカートをはき、メイクをし、ＦＴＭは短髪にしてできるだけ男っぽい服装で行く。それで蓄積されていく精神科の「ＧＩＤ」データは現実をゆがめている。これでは恐らく精神科は偏った情報しか持っていないのに違いない。

たまたま自分の好みがジェンダー・ステレオタイプに合っている人なら構わないが、ＭＴＦはより女っぽく、ＦＴＭはよりマッチョに、それが「正規ルート」が持っているジェンダーバイアスを強化してしまうことになる。

一般には、女でもボーイッシュな人はいて、短髪、ノーメイク、パンツルックしかしないという人は大勢いる。男でもメイクをしたり、髪を伸ばしたり、おしゃれをする人もたくさんいる。しかし、精神治療はそれを無視し、当事者たちの「認めてもらう」ための、ジェンダー・ステレオタイプにはまった過剰なアピールをそのまま受け取っている。（田中 2006）

レントゲンを撮ったところで脳に性別表記があるわけでなし、手術などのリスクを冒してまでGIDを詐称しても本人に得はないという判断から、診断現場では、基本的に自己申告が採用される。つまり「性別違和」を訴えれば（「性分化疾患」などの除外診断に該当しない限り）、遠からず診断はおりるのである。このように、診断に確固たる根拠を求められはしないのだが、「正規ルートで治療を受ける」という規範を内面化している場合、診断前の当事者が「まだ自称GIDなんですけど」「初心者ですが」という前置きをつけることもある。一体、何に対しての弁解なのか。診断など不確かだから好きにやるべきだ、というのではない。ただ、診断を受けて正規ルートで治療している当事者の方が、そうでない者より優位で、かつ「正しい」という言説は、あまり有効でない。診断書そのものは紙切れであって、当事者のその後を保障するものではないし、何より、その期待に応えるだけの正規医療が、現在の日本には用意されていないからだ。

## 三、正規医療の現在

記念すべき二〇〇七年！

日本のGID医療は、一九九八年の正規医療開始から十年を前にして、ひとつの転換点を迎えた。何よりも当事者たちに衝撃を与えたのは、埼玉医科大のジェンダークリニック休止であろう。四月初頭、既に予約をとっていた三十人以上の患者に手術キャンセルの報が届き、その事実は明らかとなった。かなり遅れて新聞がそれを報じ、秋には『論座』(二〇〇七年十月号)、『サイゾー』(二〇〇七年十月号)が、それぞれ特集を組んだ。現在、精神科については再始動しているものの、手術再開の目処は立たず、関東圏でGID医療に携わってきた医師たちが会合を持ち、埼玉医科大に代わる拠点を協議している。撤退の理由は、主要な執刀医の退官や体調不良などと目されているが、病院側からの正式な見解はない。

また三月には、乳房切除手術の失敗を理由に大阪医科大が提訴され、国内初のGID医療訴訟として、各紙がこれを報じた。訴状では、手術に伴うインフォームド・コンセントの不徹底や執刀医の経験不足、診療にあたるジェンダークリニック各科の連携不足が指摘されている。次いで五月、独自にSRSを行っていた開業医が急死した。正規医療が開始される以前から、特にMTF(Male To Female)のSRSに意欲的に取り組んできた医師であり、死亡事故の報道もあったものの、症例数は随一であった。正規医療の枠から漏れ出る当事者にとって、重要な受け皿となっていた病院である。

なだれ打つような状況の変化によって、現在、正規ルートでSRSを行っているのは岡山大のみとなっている。しかし岡山大も、万事順調というわけではない。手術に伴って水面下に渦巻く患者の「声なき声」を把握している関係者は、決して少なくないはずである。なぜそれを発することが許されないかというと、患者はその身体を質にとられているからである。稀少医療に共通の問題であるが、アフターケアや重ねての手術を要する患者が、担当の医師に異議申し立てをすることは難しい。手技を持つ医師が他にいない限り、転院することはできない。加えてここでは、正規医療を奉じるＧＩＤ規範が、その声を封殺する。合法的に手術してもらえるだけありがたい、医師の厚意を無駄にするな、せっかく差しのべられた蜘蛛の糸を断ち切るな。ある大手自助グループは、正規医療の執刀医を指してこう述べている。「私たち当事者は、手術を受けていない方も含め、○○先生には大恩があります」。私たち、とは誰のことか？　医師と良好な関係を結ぶに如くはないが、現在の医療状況でこのスタンスを続けていては、当事者は緘黙するよりほか途がなくなってしまう。保険適用もなく、セカンド・オピニオン先もなく、無言の（とは限らない）重圧を受け、制限つきの正規医療を護持していくことに賛同しなければならないとしたら、あまりに風通しが悪い。

いま、ガイドラインはある。戸籍上の性別を変更するための法もある。だが、実質的な医療がないに等しい。これは速やかに広く、知られる必要がある。重ねて言おう。医療はないのだ。

この部分に特化した論考は、後日、稿を改めたいと思う。

## 四、体を嫌い、異性を愛するということ

先に述べたように、ＧＩＤの大まかな理解としては、「心の性」と「体の性」に齟齬がある、ということで間違ってはいない。だが、「心の性」や「性自認」と呼ばれるものが曖昧であり、

かつ変化／発達しうるものだということについては、一般的に認知されていない。この点については、中村美亜[*2]が欧米の先行研究や動向を踏まえて指摘しているが、GIDは「逆の性」の体になりたいという猛烈な欲求に苦しめられる、というのが根強いイメージであろう。

FTM（Female To Male）の先駆けとして知られる虎井まさ衛は、一九八六年にニューヨークで乳房切除、一九八九年にカリフォルニアでペニス形成の手術を行っている。日本で初めて「FTMトランス・セクシュアル宣言」をし、現在も精力的に活動を行う虎井の功績は大きい。虎井は、その著作のタイトル（『女から男になった私』、『男の戸籍をください』）が示すように、「逆の性」への同化のニーズを、極めて明確なスタンスとして表明している当事者である。

「……男でなければ、あるいは女でなければいやだ。中間の性として暮らしていくなんてまっぴらごめんだ」と考える、とてもきっぱりしたTSの一人として、私は生きている。（社会的）性役割（ジェンダー）に固執しないが、性別（セックス）は男でなければならない。（虎井 1997）

＊2　中村美亜は、セクソロジー博士、クリニカル・セクソロジスト。東京藝術大学音楽学部卒業後、渡米して修士・博士号を取得。ジェンダーやセクシュアリティ、性教育などに関する執筆・講演活動を行っている。

虎井自身は、この考えを一般化しようとはしていないが、初めて現われる当事者の言説の力は強かった。メディアの取り上げ方とも相俟って、「女から男に」、「男から女に」なることを望むのがＧＩＤであるという見方は定着した。また、埼玉医科大で初のＳＲＳを受けたＦＴＭが「女声を嫌って金串で喉を傷つけた」というエピソードも、インパクトを伴って流布された。埼玉医科大のＧＩＤ医療を推進してきた原科孝雄医師も、いかに自身の身体を憎悪し、違和を感じているかを如実に示すこの訴えによって、ＳＲＳに取り組む決意が固まったと述懐している。

当事者たちは一様に、強烈な「身体違和」を抱え、「逆の性」への同化を求めている——、これが次なるＧＩＤ規範と言えよう。前掲の著述から十年経つが、虎井が用いた「ヌイグルミを着ているだけ」から派生したと思われる「女体の着ぐるみ」というフレーズは、ＦＴＭが女性体への違和を表わす際の常套句となった。ＦＴＭ当事者のセルフ・ヒストリーには他にも、「なぜ自分にペニスがついていないのか理解できなかった」、「いずれペニスが生えてくると思っていた」等の表現が散見される。最近では、『ダブル・ハッピネス』(2006) でＧＩＤであるとカミングアウトした杉山文野が、やはり「女体スーツ」「着ぐるみ」の語を使って自身の違和感を説明している（この「性別違和」「身体違和」に対する異議については、後述する）。

杉山は、出版後のインタビューで次のように語っている。[*3]

……幼稚園の時からスカートをはくことにはすごく抵抗がありました。女の子として扱われることにずっと違和感があって、女の子といても「女同士」に思えないし、思春期になると、「僕」として当たり前に女の子を好きになってしまう。「自分は女体の着ぐるみを身につけている」と感じ、何かいけない存在なのだと思い悩む日々でした。

ここで、『僕』として当たり前に女の子を好きになってしまう」という言葉が出てくることには注意したい。虎井は著作の中で、男性への恋心めいた気持ちを振り返り、「体を男性にしたい」からといって「性愛の対象が女性」とは限らないことに言及し、「女が好きだから男になりたいと思ったわけではけっしてない」と述べる（その後、治療を進めるうちに、女性が性愛の対象として明確になったとは語るが）。しかし杉山の語りでは、心が男たる「僕」が「女の子を好きに」なることは「当たり前」なのだ。このように、性別違和を「補強」する材料としてヘテロセクシズムが利用されていることには、それこそ違和感をおぼえる。だが、これは特異な言説というわけではなく、「FTM」の自己紹介やセルフ・ヒストリーにおいてしばしば目にすることがある。「○○歳FTMです。もちろん彼女います」、「女の子を好きになって、やっぱり自分は男なんだって思いました」等の語りがそれである。これらはこれらとして、真実なのだろう。だが「FTMは心が男性だから女性が好き」／「MTFは心が女性だから男性が好き」という、ヘテロセクシズムに

＊3　楽天ブックス著者インタビュー（二〇〇六年十月五日掲載）より抜粋。

基づいた理解は、GIDという少数派の中に更なる周縁を生み出す（この層は「FTMゲイ」や「MTFレズビアン」等とカテゴライズされることが多い）。

告白しなければホモ・セクシュアルではないというのは「GIDの世界」においても真実と言うべきか。あるいはGIDは、ヘテロセクシズムを前提とする社会の〝副産物〟である限りにおいて許容されるということか。女が好きだから男になりたい、あるいはその逆が動機となることには理解が及ぶが、やれ性自認だの性的指向だのを持ち出されると話がややこしくなる、ということだろうか。さすがに、本物のGIDである以上は異性愛者であるべきだという主張には滅多にお目にかからないが、同性愛や両性愛、またその他のセクシュアリティを持つ当事者がマイノリティであることは事実である。自身をGIDであると感じた理由として異性愛の経験を引き合いに出すことが、抑圧的に作用する場面は当然に想定できる（敢えて言うのも憚られるが、ある「マイノリティ」が他の「マイノリティ」に対しても注意深い、ということは決してない）。いくつかの条件を伴ったとき、「異性愛者である方がよい」というGID規範が現われる可能性は、常にあるだろう。

## 五、GID規範のつくられかた

さて大まかに、日本のGID医療の状況と、いくつかのGID規範について述べてきた。はじめに引用した田中の指摘に尽きる部分もあるが、これらは相互に影響しあって新たな状況を生み出し、徐々に当事者の実態と乖離していく。いま一度ＧＩＤの診断現場に戻って、その核心に触れてみたい。

ＧＩＤの正規医療は、治療のガイドラインに基づき、カウンセリングによる精神療法、希望者に対するホルモン療法、及び手術療法という順で進められる。ＧＩＤの診断がおりるまでには、主治医以外の精神科医によるセカンド・オピニオンや、除外診断のための染色体検査・心理検査・内性器検査等が必要となる。だが最も重視されるのは、当事者が、生まれ持った性と「逆の性」の感覚をどれだけ有しているかという点である。それを確認するために行われるのがライフヒストリーの検討であり、当事者はここで、自らがいかに性別違和を感じながら生きてきたかを述懐することになる。

以下は、正規医療のジェンダークリニックで用いられている問診票の内容である。

ジェンダークリニック問診用紙（一部抜粋）

「子供時代について」

服装はどうでしたか

遊び友達は男女どちらが主体でしたか

どのような遊びをよくしていましたか

「体験について」

今まで望む性のみで実際暮らそうとしたことがありますか

いつからいつまでですか

どのくらいうまくいきましたか

恋愛経験はありますか

恋愛相手の性別

性的欲求を感じますか

どういう相手に感じますか

マスターベーションをしたことがありますか

どういう想像をしますか

性交経験はありますか

性交経験の相手の性別

人間の尊厳を冒しかねない質問内容であるとか、本当にこれらを訊く必要があるのかという点については、まずは控える。これらの問診が、実際の診断にどの程度の影響を与えているかは定かでない。しかし、この質問内容は誘導である。ＧＩＤ診断を受けたいがために訪れた当事者が、敢えて文脈に沿わない答え方をするはずがない。ＦＴＭを自認する当事者が子ども時代の服装を訊かれて、「ピンク色のレースのついたスカートが大好きでした」、「髪を三つ編みにして結い上げてもらうのがお気に入りでした」と答えられるだろうか。ＭＴＦを自認する当事者が子ども時代の遊びを訊かれて、「ガンダムのプラモデルづくり」と言えるだろうか。「女児らしく／男児らしく」生育されてきたならば、そのままの性別を受け入れるようにと勧められるかもしれない。趣味や嗜好が、性別ではなく個人に依るということは自明であるし、その表現の仕方も変化する。また性的指向がＧＩＤの根拠とならないことについては前述した通りである。にも関わらず、この問診は、それらを意識させずにはおかない。医師に「『認めてもらう』ためのジェンダー・ステレオタイプにはまった過剰なアピール」が生み出されることは不思議ではないし、性別違和・身体嫌悪もより声高に語られるだろう。

医療側と患者、双方の「歩みより」と手のうちの読み合いが、ＧＩＤにおける言説や価値をつくりあげた。正規医療に親和的であること。身体を嫌悪していること。逆の性に同化したがっていること。これらは、もともと広く社会に受け入れられている性別二元論やヘテロセクシズムと〝習合〟し、確かに模範的なＧＩＤ像、「ＧＩＤ規範」を構築してきたのである。現在であれば、ここに、「特例法が適用される条件を備えていること」が付け加えられるかもしれない（特例法の問題点については、別途、拙稿[*4]でも指摘しているが、谷口功一・田原牧・筒井真樹子氏らの論考[*5]に詳しい）。

こうして、ＧＩＤ医療とＧＩＤ規範が辿りつくところは、当事者が非当事者となり、「女性」「男性」として社会生活を営むことになっていく。医師が診断現場に「逆の性」への同化や性別二元論を持ち込むことによって、当事者の治療後の心身のあり方も、二元化されていくのである。だが、その内実はほとんど語られていない。当事者がどのような心身のあり方を望み、それを医師がどのように把握しているか。それが実現されたか、されなかったのか。治療によって当事者が何を克服し、何を克服し得なかったのか。それらの蓄積は、ほとんどなされていないのである。オペをして、女性体／男性体に近似した外見を作ってしまえば済むという問題ではない。当事者のグラデーションに目を向ければ、それは明白なことである。

## 六、体が嫌いなのは本当か

ＦＴＭの当事者が、自身の体に対する違和や憎悪の情を、「着ぐるみ」等の語で表明することは先に述べた。それが当事者にとって本当のことでも、このような表現が規範化を免れていないことは、おおよそ理解を得られるかと思う。

ここでは、「女体の着ぐるみ」とは対極にあるＦＴＭの語りを取り上げ、二元化された医療が掬い得ないグラデーションを示す。これらの言説はＧＩＤ規範を超え出て、その不確かさを鋭く問うものとなっている。以下、関西の若手コミュニティ「ＲＯＳ」による『トランスがわかりません!!』(2007)から拾い上げてみよう。この特集において特筆すべきは、参加者が自分の体に対して何かしら折り合いのつかない感覚を持ちながらも、率直に自身の体に向き合い、肯定していくという試みがなされていることである。「性別違和がありました」、「着ぐるみを着ているようでした」という従来の表現をこそ疑い、どの部分にどのような感覚を有しているのか、それがなぜ立ち現われるのかを詳細に検討している。特に、イヴ・エンスラーの『ヴァギナ・モノローグ』(2003)を模して「まんこ独り語り」を行い、女性器との付き合いを振り返る姿は、医療側が想定するGIDの姿としては有り得なかったはずだ。

FTMやFTXなどを含む、とりあえずのまんこ持ちたちが、まんこのどこがイヤなのかを「身体違和感」という問答無用の用語(思考の停止)を使わずに、まずは想うこと、語ることが必要だろ。

自分の身体や境遇に苦しみたければ一生苦しんでいたらいい。オペをしたってホルモン打っ

＊4　第一章前半の初出原稿のことである。立命館大学先端総合学術研究科紀要『Core Ethics』第四号所収、「『多様な身体』が性同一性障害特例法に投げかけるもの」(2008)。
＊5　特例法については多くの論考があるが、ここでは谷口功一「『性同一性障害者の性別の取扱いの特例に関する法律』の立法過程に関する一考察」『法哲学年報』(2003)、田原牧「見失ったプライドと寛容性:『性同一性障害特例法』批判」『情況』3期4巻9号(2003)、筒井真樹子「消し去られたジェンダーの視点:『性同一性障害特例法』の問題点」『インパクション』137号(2003)を挙げておきたい。

たってホンモノの女や男にはなれないんだよ。（…）そして世の中の定義する男女に近づくために一生を費やしたらいい。
ＧＩＤ・トランスなら「身体違和」があって当然なのか？（…）私たちのたくさんの性別違和を訴える文句は、社会から求められた、しかるべき言い訳なのかもしれない。私たちの言葉ではなく。結局は多数者を肯定するような・・・。

「まんこ独り語り／るぱん4性」

「きぐるみ着てる気分」とか「仮の姿」とか「入れ物」だとか、そんなこと言って自分の身体から逃げてたって無駄です。結局は全身取り替えるなんて無理なんです。性転換っつったって、パーツを変える程度しかできないんです。身体のほとんどは前のままなんです。

「トランス問題提起集　ぶっちゃけないでどうするの?!／るぱん4性」

生まれ持った体への違和感や嫌悪がＧＩＤの大前提と見なされている現状では、当事者たちがそこに疑問を呈することはほとんどない。それは正規ルートを降り、「贋の」「自称」ＧＩＤとして生きていく道にもつながるからである。しかし「るぱん4性」は、「身体違和感」の語に安住して思考を止めることを拒否する。生まれ持った身体を「着ぐるみ」に喩えて拒否したところで、医療によって変えられるのはパーツであり、体をまるごと取り替えられるわけではない。その現実に立ったうえで、受け入れられる点・受け入れられない点を見定めることを提案するのである。「るぱん4性」は、自身の「まんこ」に向かって、「これからもよろしくお願いします」とさえ述べる。GIDにつきまとう二元化の最終形態——ヴァギナをペニスに、ペニスをヴァギナに変えるはずだという圧力——を痛快に撥ね除けるこの語りに、もっと耳を傾けなくてはならない。

ここでは寄稿者の各々が、各々にとって必要であり快適な心身の状態を模索し、それを是としている。これらの言説は、自身の体がより嫌いだと「言わされていく」構造に目を向け、「身体違和」「性別違和」の概念がGID当事者を自縄自縛にしていく側面を明快に指摘している。既存の枠組みよりも、自分にとっての快適さを優先することを明言し、自分の体と人生とをトータルで肯定していく試みは、GID規範に抗する狼煙として大いに歓迎されるべきである。この「ひとびと」は、場合によってGIDと診断されることも不可能ではなく、一般的にはGIDと見なされることもあるだろうが、もはや自らはそれを望んでいない。「GIDID」——〝性同一性障害〟同一性障害、という諧謔がなりたつだろうか。性別違和を疾病として医療化することでもたらされた恩恵は確かにあり、現在でもそれを期待する当事者がいる一方、その根幹を問い直す作業は始まっている。それは、「患者」である状態からいかに脱するか、ということかもしれない。

はじめに書いたように、GID当事者が「患者」だということは、やはり欠陥であると思う。

生まれ持った性別に依らない生き方をする人々は世界的に「トランスジェンダー」と呼ばれる

が、本稿では敢えて使用しなかった。日本での認知が低く、その射程も極めて曖昧であるからだ。それこそが問題である。今の日本では、トランスジェンダーというよりGIDといった方が、話が通じやすい。本当ならば、性別を（様々な次元で）越境したり行き来したりするトランスジェンダーという認識に基づいて、GIDという層を位置づけることが妥当だったろう。ところが医療化によって、GIDの存在のみが突出した。前掲の田中、中村らも指摘するように、いわゆるトランスジェンダーへの施策や運動が、医療ベースで進められている国は極めて珍しい。GIDという「患者」であれば相応の対策が用意されるが、ライフスタイルとしてのトランスジェンダーは、差別語や他のセクシュアルマイノリティとの混同を伴って、途端に二級市民扱いとなる。疾病でなければ（広い意味での）性別を変えられない、あるいは性別を変えたがるなんて疾病に違いない、という前提が見え隠れしている。当事者たちは正規医療で「患者」になればなるほど、その逆の状態（「普通」の「男女」）こそが正常であることを証左してしまう。

医療化そのものが間違いだったとはいえないし、今後もGID診断やGID医療はあってよいだろうが、それは単なるツールでなくてはならない。必要以上に当事者の心身に介入することや、メイン・ストリームに回収する作用としてはたらくことは避けねばならない。医療にアクセスしてGIDと呼ばれる者とそうでない者との間に、価値の差を生んではならない。紅い花は、薔薇と名づけても名づけなくとも香る。そのくらい軽やかでなくてはならない。

## 七、おわりに

本文に盛り込むタイミングを逸してしまったが、「パスしていること」、つまり「逆の性」として社会にどれだけ溶け込んでいるかということも、かなり大きなＧＩＤ規範のひとつであると思う。前項でとりあげたような新たな言説の前では徐々に力を失っていくかもしれないが、今のところ、「パス」にこだわりを持つ当事者は多い。「ホル歴（ホルモン療法歴）一年でそのパス度はすごい」、「ノンオペ（手術療法なし）とは思えない」等の言葉は賞賛になる。また、どうすればパスする度合いが上がるかという相談は当事者コミュニティ内で繰り返され、服装・髪型・言葉遣い、一挙手一投足に至るまで気をつかう場合も珍しくない。コンビニのレジの「客層ボタン」でパスしたとか、デパートのトイレで疑われずにパスしたとか、初対面の相手にパスしたとか、そういうところに価値が見出される。「逆の性」として通用しない当事者は、ときに嘲笑の対象となり、「あの部分がパスできていない」とあげつらわれる。パスしている方が優位で偉い、あるいはパスを目指すべきだという規範は、かなり幅をきかせている。とは言っても、不可能なものがある。例えば身長百八十センチ以上で、がっしりした体躯のＭＴＦが、女性としてパスすることは難しいだろう。それを揶揄する者がいたり、自ら惨めに感じたりするようなことはあってほしくない。また「女顔」や「男顔」も根本的には変わらないし、ＳＲＳをしたところで「逆の性」の生殖機能を備えることはできない。不可能なことを数え上げれば、最後に残るのはやはり体の問題であるような気がする。
そろそろ、基準をずらしてもよい。生まれながらの「女性」「男性」に体を近似させ、そう扱われるように演出することは、本当は誰の願いなのか。あるべきはずだと思い描いている体は、誰の体なのか。できないものはできない、不可能なものは不可能と、その地点であぐらをかけばよい。むしろ、そうでなければ楽になれない。そんなに真面目に、規範に加担してやる必要はない。二極を避けてどこかで降りれば、そこが着地点になる。

論点は散在しているが、新しい領域のように見える「GID」が、既に規範化されて身動きがとり難いということは、概ね語った。最終的に体をどうするかというのは、過去に繰り返されてきた問題と共通の部分も多い。しかしその医療（特にSRS）と、その後の当事者の状況については、やはり特有の問題として、改めて記す必要があると思う。条件が整えば、挑んでみたい。

（二〇〇八年）

# 第二章補論

論文「GID規範からの逃走線」は、『現代思想』誌からの依頼を受け、第一章の「『多様な身体』が性同一性障害特例法に投げかけるもの」とほぼ同時期に執筆した。そのため内容に重複があるが、こちらでは「性同一性障害」に関するイメージや規範について重点を置いている。第一章の論文の終盤で「(…)当事者たちを困難に追い込むのは特例法だけではなく、法を下支えするGIDの「規範」であるという点である。(…)明文化し得ない様々な「規範」が膨大に存在し、当事者を自縄自縛にしている」と記述した。その考察を具体化するために作ったのが「GID規範」という言葉である。二〇〇八年のGID(性同一性障害)学会第十回研究大会でも、同じ語を用いて報告を行った。[*1] その後、「GID規範」は現在でもインターネット上で使用されたり、論文に引用されたりしている。二〇一〇年代半ばまでは「性同一性障害」というカテゴリに疑問や不満を持つ者が、それを表明する際に用いるケースが中心であった。それ以降はもっと一般化

＊1　「「GID規範」への問いかけ――身体のグラデーションを通して」GID(性同一性障害)学会第十回研究大会、高槻現代劇場、二〇〇八年三月十六日。

して、批判に限定されない用法も見かけることがある。

「ＧＩＤ規範からの逃走線」の執筆当時、具体的な規範として以下の例を挙げた。

- 医療ルートが正規なのか、非正規なのか。最低限、「診断書」がおりているかどうかということ
- 当事者たちが一様に強烈な「身体違和」を抱え、「逆の性」への同化を求めているというイメージ
- 「パスしていること」——「逆の性」として、社会にどれだけ溶け込んでいるかということ

これらのいくつかについて、現在の地点から検討し直すための材料を提示していきたい。まず、執筆当時とは「性同一性障害」をとりまく様相が変化していることを踏まえる必要がある。日本の診断現場で参照しているアメリカの基準（ＤＳＭ）が改訂され、「性同一性障害」に相当する診断名「Gender Identity Disorder」がなくなった。*2 新たに登場したのは「Gender Dysphoria」（性別違和と訳される）という診断名で、その中身は大きく変わっているが、日本ではまだ「性同一性障害」も並行して使用している。ＷＨＯ（世界保健機構）が作成する国際的な疾病の分類（ＩＣＤ）でも、「Gender Identity Disorder」は消え、「Gender Incongruence」（性別不合という仮訳があてられている）が登

場した。また、いわゆる性的マイノリティ全般を指して使われる「ＬＧＢＴ」という語の台頭によって、トランスジェンダーという語が積極的に紹介されるようになった。「トランスジェンダーの中には性同一性障害も含まれる」という説明も広がっている。

二〇一四年の作品で、この辺りの感覚をそれなりに反映しているのが、宮藤官九郎による脚本のドラマ「日曜劇場　ごめんね青春！」[*3]である。架空の高校を舞台としたコメディであり、宮藤は「いじめも体罰も学級崩壊もなく、ただ漫然と一クールを描き切る」ことをテーマにしたとコメントしている。[*4]

登場人物のひとり、男子生徒の「村井」は、女子生徒に日焼け止めを貸したりすることから「コスメ」というあだ名を持つ。村井は男子生徒に恋心を抱き、思いが実って交際することになった。やがて学校では女子の制服を着て過ごすようになり、その動機について担任とクラスメ

＊2　「DSM-5では性同一性障害の名称が消え、ジェンダーディスフォリア（性別違和）という疾患カテゴリーとして残ることになった」（『医学の歩み』２４８巻３号「新しい精神疾患の診断・統計マニュアル（DSM-5）ガイド」より）。ＩＣＤの変更については、「ＷＨＯの「国際疾病分類」の最新版では、性同一性障害が「精神疾患」から外れ、「性保健健康関連の病態」という分類に入った。名称も変更され、厚生労働省は「性別不合」との仮訳を示した」。毎日新聞二〇一八年六月二十日（https://mainichi.jp/articles/20180620/ddm/012/040/041000c）

＊3　ＴＢＳドラマ「日曜劇場『ごめんね青春！』」（二〇一四年十月十二日〜十二月二十一日放送）

＊4　公式サイト https://www.tbs.co.jp/gomenne_tbs/intro/comment.html より。

イトに告げるシーンがある。

村井「僕はゲイですっ!!」
平助「!?」
村井「ゲイ……っていうか、心が女子なんです、男子が好きです、女子と一緒にいる方が楽なんです！」
一同「……」
村井「ずっと、ずっと隠してました、ごめんなさいっ！」
神保「知ってる」
村井「え、うそ」
遠藤「あれでしょ？　トランスジェンダー。逆に、今さら？　って感じだよね」
村井「うそー、うそうそー」
ビル「だって三女の制服着てるし」
村井「そう、共学クラスになったから勇気を出して着てみたの」
古井「わっ、今気づいた！　いつから？」（宮藤 2014）

この後、クラスメイトは「似合っている」、「学ランよりも全然いい」と反応し、村井が女子の制服を着続けることを支持する。村井は、自身のセクシュアリティ（性のあり方）について「ゲイ……っていうか」と言い淀んでいるが、特に思春期においてセクシュアリティが定まらないこと、逡巡があることは珍しくない（それがライフスタイルとなることもあるし、セクシュアリティを決めない／決められない層をクエスチョニングと呼ぶこともある）。村井自身もクラスメイトも、なぜ男子が好きであるのか、なぜ「心が女子」だと思うのか、その理由または根拠を疾病に求めない描き方に新鮮味がある。同様の登場人物を扱った『3年B組金八先生　第六シリーズ』[*5]や、『ラスト・フレンズ』[*6]とは異なる展開である。

性規範に沿わない性格や趣味を持つことの理由として病理を持ち出すのは、「性同一性障害」の普及が招いた一側面と言える。筆者は二〇〇六年頃から二〇一〇年頃まで教育関係者向けの勉強会に複数回招かれたが、必ず出てくるのは「このような生徒がいるが性同一性障害ではないか」、「生徒から『自分は性同一性障害だと思う』と言われたがどうしたらよいか」という質問であった。そのような問いには、性同一性障害は疾病であり診断までのプロセスがあることを説明し、「心の性」や「性自認」という言葉を使わずに自分を説明することを促してはどうかと提案

＊5　TBSドラマ『3年B組金八先生』第六シリーズ（二〇〇一年十一月十一日～二〇〇二年三月二十八日放送）
＊6　フジテレビ『ラスト・フレンズ』（二〇〇八年四月十日～六月十九日放送）

していた。

この『ごめんね青春！』の場面において、村井は「心が女子」とは言っているが、そこに「性同一性障害」という語は接続されない。このようにして、ひとまず子どもたち側の感覚を提示してみせている。一方、教師や親の大人たち側にとって、「性同一性障害」は充分に有効な切り札であることも描かれる。村井の父である「晋太郎」は、息子が学校で女子の制服を着ていることを知って激昂するが、それをなだめて説得する教師は、初めから「医学的疾患」であることを強調している。晋太郎の最終的な理解も「病気じゃ仕方ないよ」、というところに落ち着いている。ただ、そこに至る経緯にはやはり変化を見てとることができる。

村井（以下の台詞中では「守」）の振る舞いに納得できない父・晋太郎のもとを、教師（平助、りさ）が訪れるシーンでは、晋太郎がなぜか女性の服を着て出迎えたので二人は面食らう。部屋には「性同一性障害に関する書籍、資料が山と積まれ」、「パソコンのデスクトップにもジェンダーに関する論文」があるという状況だった。晋太郎は、「手に入る本は片っ端から、１００冊は読んだ」ものの、頭を抱えている。このシーンでは、実際に出版されている書籍の数々が映されていることも印象深い。

晋太郎「でもね……まっっっ……たく理解できませんでした。だんだんバカにされてるような気がして来てね、分かんないのか石頭って……少しでも守の気持ちを理解しようと思って」

平　助「女装を」
晋太郎「ええ、サミットに買い物に行ってやりましたよ」
り　さ「その恰好で⁉」
晋太郎「コーラと歌舞伎揚げをね、買いました。顔なじみの店員が二度見？　三度見？　いや五度見しましたよ」
り　さ「でしょうね」
晋太郎「もんのすごいストレスでした。帰りはもう全力疾走。で……はたと気づいたんです。守が感じていたストレスも、これと同等だったのかと」
額に入った家族写真、飾ってある。父母、姉二人と守。
晋太郎「待望の男の子でした。よく生まれてくれたな！　って、男同士、理想の親子像をね、押しつけて。キャッチボール、木登り、一緒に風呂にも入って。男として育てられることが守にとってはこれほど苦痛だったのかと。本１００冊読んでも分からなかったことがサミット行ったら分かりました。でも、やっぱり私にはどうしても……」
り　さ「(遮り) お父さん。明日の朝、息子さんと一緒に学校来て下さい。うちの原が、特別に授業してさしあげますから」(宮藤 2014)
このテーマの決着の付け方として登場するのが、りさが述べた「授業」である。これは「金八先生」を模倣した流れである。「金八先生」では、論文中でも重ねて言及している虎井まさ衛の協力を得て、「性同一性障害」に悩むキャラクターを造形した。[*7] その生徒を理解するための特別授業に、多くの時間が割かれている。最も情感が高まる部分は次のように描かれる――授業を担当する保健教諭が、黒板に簡略化した人間の図を描く。その頭の部分に「男」、身体の部分に「女」と書き入れたところでチョークが折れ、涙ぐむ。生徒たちもみな泣いている。そして、「身体は女、心は男」である生徒にカメラが移動し、その表情がアップになる――。一方、『ごめんね青春!』の授業では、「DVDケースのタイトルと、本体のディスクが違う」という小芝居をして説明をしてみせる。黒板に書かれるのも、人間の図ではなく「見た目で判断しない」という言葉である。

宮藤の狙い通り「ただ漫然と」進行したためか、ブームを作り出したドラマではないが、権威的な存在が専門書に則って教えなくとも、生徒たちは勝手に考えたり感じたりしている、という「自由さ」は好ましいものだった。日本の医療現場には「性同一性障害」の診断が残っており、何らかの交渉や説得において(特に「大人」に対して)有効であるという事実は未だにあるだろう。ただ宮藤の脚本の軽妙さは、コメディという土壌があるとは言え、「性同一性障害」という言葉がまとう雰囲気、その重さが従来通りでないことを示す事例と言える。[*8]

ところで、「GID規範からの逃走線」冒頭の歌詞は、『メガトン・ブルース』[*9]（二〇〇七年）から引用したものである。この頃、「性同一性障害」について「心の性と身体の性が違う」という説明が広く受け入れられていた（本論文でも「大まかには」と断ったうえでその説明を記述した）。しかし、「心の性」に見合う「身体の性」があると言い切ってしまうには、当事者はあまりに多様である。だからこそ、心のような身体があれば、というフレーズにひらめきを受けた。「心の性に合った身体があれば」とは、似ているようで大きく違う。「心のような身体」が何かは自分にし

＊7　平成二十三年度人権啓発指導者養成研修会採録コラムより。「あの上戸彩ちゃんの役は私がモデルだったと言われています。3年B組金八先生でのお話のように、私は、中学3年生のときにはもう既に手術を決意しておりました。私は今、一応物書きをして暮らしておりまして、図書館に行けば多分2、3冊、私の人権関係の本があるかと思うのですが、それを読んでくださった脚本家の方が、それをもとにいくつかのエピソードを組み立ててくださいました。（…）叫んじゃって、女性の叫び声をあげたのが嫌だということで、うちに走って帰ったかして、チーズフォンデュの串か、うろ覚えなのですが、それをのどの中にびしゃっと刺しちゃったわけでありまして、TBSにかなり抗議がいったそうなんですね、やり過ぎじゃないかということで。ところが、それは私の友達が本当にやったことで、それを小山内美江子先生、脚本家の方が改良したエピソードなのです」。http://www.jinken-library.jp/column/105578.html

＊8　多くのひとの目に触れることからテレビドラマという媒体を取り上げたが、そもそも学園ドラマはその性質上、強固なジェンダー規範によって成立しているという前提がある。学校という制度そのものから逃走すること、解体する思想の重要性も申し添えておく。『ごめんね青春！』では「トランスジェンダー」の扱いこそ目新しかったが、基本的には異性愛賛美・結婚賛美がベースにある。

＊9　ザ・クロマニヨンズ『CAVE PARTY』収録、二〇〇七年九月十二日発売、BMG JAPAN。インスピレーションの湧くフレーズの一方、スタイルとして男性性の誇示がある点も付け加える。

かわからない／自分だけがわかればよいが、「心の性に合った身体」では、その「出来」がふさわしいかどうか、値踏みされてしまうことがある。その先に生まれるのは、GID規範の一つとして挙げた「パスしていること――『逆の性』として、社会にどれだけ溶け込んでいるかということ」の、争いではないだろうか。「パスしている方が優位で偉い、あるいはパスを目指すべきだという規範は、かなり幅をきかせている」と述べたが、この規範は変わらず、あるいは一部が加速して生き続けていると言えよう。二〇一八年には女子大がトランス女性（女性として生活するトランスジェンダー）の受け入れを表明したが、ウェブ上のニュースには「女性として通用する見た目ならば許容する」などのコメントが寄せられていた。[*10]

「女性」として生きているだけで一方的に美醜を判断される機会が多かったり、「モテる」、「愛される」ことが重要であるという言説にさらされたりすることは言うまでもない。これはトランスジェンダーでも同様であって、特にMTFの場合は「パスしていること」に加えて、女性としての「出来」がよくなければいけないという二重の圧に苦しめられることがある。二〇一三年頃の言説を拾ってみると、トランス女性のタレントに対して「やっぱもとは男だね。肩幅広いし顔でかくない？」、「手とか完全に男だよね。所詮は偽物。不良品」など、見物衆が実にかまびすしい。[*11] こういった「品評」は決して許されるものではなく、どのような人物が「女性」であるか、その基準がどこにあるかといった「議論」も成立させるべきではない。万が一にも「議論」を試みる場合は、ひとりひとりの当事者の背後には、己の在り方を掴むために足掻き続けてきた歴史があることに最大限の敬意を払わねばならない。[*12] これらは、FTMやトランス男性に対する圧力についても言えることである。

パスの規範から「降りる」方法として確立しつつあるのは、ファッションの工夫のように思える。女性と男性の記号を同時に、またランダムに身につけることによって撹乱を狙った方法と言えるだろう。これは「性同一性障害」の診断を重要視する層とはやや違う人々の試みであろうが、[*13]「ジェンダーレス男子」や「イケメン女子」[*14]という言葉ともあいまって、目につきやすくなっている。注意すべきなのは、この分野は「出来」の良さを追求しているということだ。トップモデ

＊10　この後インターネットでは、トランス女性排除に関する言説が広まった。経緯については堀（2020）がまとめている。

＊11　モデル・タレントとして活動するトランス女性に関する匿名掲示板より抜粋。http://bbs2.ryne.jp/r.php/room-unti/4544/n_310

＊12　千田（2020）が発表した「『女』の境界線を引きなおす」は、トランス女性排除派を擁護するものとして批判された。本文中には当事者自身の言説が殆ど引用されていない。またトランス排除に関する認識も、個人的観測の範囲にとどまっているように読める。

＊13　ファッションの撹乱をSNS上で発信する場合、自らの名乗りとして「Xジェンダー」や「中性」が使用されることが多い。

＊14　二〇一四年頃から使用例が見られる。「〝ジェンダーレス男子〟2015年新トレンドに急浮上代表格・とまん『今は賛否両論。これを当たり前にしたい』」モデルプレス二〇一五年六月十六日（https://mdpr.jp/interview/detail/1494861）。女性による男装について、近年のブームとしてファッション面での注目が如実に現われたのは、インデックス・コミュニケーションズ刊行の男装専門雑誌『KERA BOKU』創刊号（二〇一一年十月発売）が八万部完売したことなど。

ルが中性的な容姿を活かして「アンドロジヌス」という肩書きで活動することや、クィア（性規範を逸脱する立場。第四章補論で詳述）を標榜する俳優のドレス姿は歓迎されがちだが、そのほとんどは痩せており、写真映えする四肢を持ち、白人として「美しい」とされる顔立ちを伴っている。「イケている」ことを無条件に肯定するルッキズム（外見至上主義）は、それ自体が抑圧であることを指摘しておきたい。

第一章と第二章の本論では、抑圧に対抗するための考え方として『トランスがわかりません!!』から「るぱん4性」の主張を多数引用している。「自分の身体や境遇に苦しみたければ一生苦しんでいたらいい」という言葉は、読み手の状況によってはショックであろうし、受け入れるのに時間がかかるかもしれない。ただ骨格や声の感じなど、生物学的な性に伴う身体の発達は止まらないが、[*15] ホルモン療法や外科的療法を選択することで、ある程度は解消するものもある。自分の身体の現実を見つめることで、がんじがらめの状況が多少は緩和されるかもしれない。この身体はこれから変化する余地がある、まだ「過渡期」にすら入っていないのだから生まれつきの性の特徴を持つのは当たり前なのだ、と。本論の「おわりに」では、こうした気持ちを込めて「できないものはできない、不可能なものは不可能と、その地点であぐらをかけばよい」と記した。とはいえ、それができれば苦労しないという気持ちは、筆者の中にもある。そこで「変えられないものによって苦しむ」という共通項から、もうひとつ考え方のヒントを紹介したい。

石田智恵[*16]は、「やわらかな人種主義――アルゼンチンにおける「ハポネス」の経験から」において、アルゼンチン社会で「ハポネス」（日本人）と呼ばれる日本人、および日系移民について述べる。アルゼンチンは白人中心社会であり、アジア人は圧倒的なマイノリティである。移民二世以降の日系人たちは、日本人という自覚を持たない場合があるにもかかわらず、その外見から「ハポネス」の見なしを免れることができない。「ハポネス」は閉鎖的な日系コミュニティに暮らし、真面目で善良であると断じられている。石田は、コミュニティ内で二世のアイデンティティをめぐる議論の場を提供していた一九八〇年代半ばの月刊誌『Somos Nisei』（ソモス・ニセイ、われわれはニセイであるの意）の第一号から、編集部の署名で掲載された文章を引用している。

④社会環境に適応すること、あらゆる「ゲームのルール」を受け入れること、共同体のメカニズムに積極的に参加すること、つまり、共生すること。これらこそ、移民とその子孫の幸せを保証するものである。統合なくして完全な幸福はない。［…］われわれは東洋人「である」。われわれは、先祖が数千年に渡って取り入れてきた性向、動向を、その血のなかに運び持っている。［…］これらは、ひとがわれわれを識別するときの特徴である。われわれ

＊15　「正規医療」の現場では、GnRHアゴニスト等の投与によって第二次性徴を遅らせる場合もある。
＊16　石田智恵は文化人類学者、専門はアルゼンチン研究。立命館大学先端総合学術研究科修了、早稲田大学准教授。

は、これを変えることができる。そう、変えたいと思うならば。廃止し、変形させ、別の何かで置き換えることができる。それは、身長が気に入らないから足を切断するとか、色が気に入らないから目をくり抜くといったことと似たようなことである。

文中の表現にある「ゲームのルールを受け入れること」と「統合」は同じことを指していると理解できる。アルゼンチン社会のルールの下では、アルゼンチン人の顔をしたアルゼンチン人か、東洋人の顔をした東洋人のどちらかしかいないことになっている。「東洋人である」と判断されるときの特徴つまり身体を「変える」ことで、「ニセイ」は「統合」し「完全な幸福」を得られるというが、「足を切断する」「目をくりぬく」という表現に示されているように、それは非常に困難なことである。「社会を変えることができる」とは言わず、痛みや犠牲を負えば自らの身体を「変えることができる」と述べている点に注意したい。(…)(石田 2017)

まるで鏡を見るような思いがする。「ハポネス」たちは、一方的な見なしから逃れることは実質的にできないと知っている。「ひとがわれわれを識別するときの特徴」を変えるためには、命と引き換えねばならないのだ。だが、やがて一部の「ハポネス」は、身体を変えることではなく社会を変えることを選ぶ。それは、独裁政権下における政治運動に身を投じることであり、「強制失踪」という悲劇に繋がりもした。*17 穏やかで、従順で、善良であるはずの「ハポネス」の規範を大きく踏み越えた行動は、アルゼンチン社会に大きな驚きをもたらした。強制失踪の解決を訴えるデモで掲げられる「ハポネス」たちの顔は、現在でも常に「目を惹く」存在だという。もう一つ、日本人移民の子孫である「ニッケイ」のイメージが、人生に与える影響について語られた部分を紹介する。

ラプラタ国立大学に通うレアンドロ（仮名、２０１０年11月24日、ラプラタ市、録音なし）は、「ニッケイ」という語をどう理解しているかという筆者の質問に対し、「ニッケイは常に善人」と答えた。いわく、ニッケイは小さいときから「借りたものは返しなさい」「嘘をついてはいけない」、なぜなら「日本人だから」と言われて育ち、その教育の結果「悪いこと」をしない人間、善人になる。（…）

この会話の間、レアンドロは終始無表情で、ものごとの仕組みを順序立てて説明するように、図示しながら淡々と筆者にその考えを説明した。ほかの日本人・日系人が「日本人の善良さ」を満足げに語ったり「誇りに思う」と言うのを何度も見聞きしていた筆者にとって、レアンド

＊17　一九七〇年代後半、アルゼンチンの軍事政権下で、反体制派が次々と失踪した。「軍部は「反乱分子」とみなした人々を次々と拉致・拘留・拷問しながら、被害者を「失踪者」と呼んで行為を否認することで、社会全体を恐怖によって沈黙させた」。（石田 2015）

ロの様子は珍しく感じた。誇りや満足に結びつかないような、彼のいう「善」とは何を意味しているのか。それは主観とは無関係に築かれた「ゲームのルール」（引用④）と同じことを指していると考えられないだろうか。日系人は「ハポネスの顔」を持つのと同じように「善人」として生まれ、死ぬまで「善人」であり続ける。「日系人は常に善人である」という彼の表現は、ナショナルな問答の場における他者としての「ハポネス」の生の制約を描写している。」（同）

この聞き取りでは、他者の持つイメージに左右されて生きることは制約に結びつくということが示される。「性同一性障害」の当事者の何割かは、日本社会の「ゲームのルール」に則り、まさに身体の何らかを「廃止し、変形させ、別の何かで置き換える」経験をして、喜びや達成感と共に、痛みも引き受けてきた。本人が望むならともかく、「パス」のために「足を切断」したり「目をくり抜」いたりするような犠牲を強いられるのは、明らかに間違っている。一体、見た目の「出来」について、どこまで追求し続けなければならないのだろうか。望ましい女性、あるいは男性のイメージを体現してみせることは、だれのためなのか。それによって引き起こされる制約は、常に社会ではなく当事者が引き受けるのである。一連の「ハポネス」の存在は、規範や圧力と個人との関係性を理解する助けとなるだろう。無論、身体ではなく社会を変えることを選んで行動した結果、待ち受けているものが悲劇であってはならないが——。

最後に、論文中で「（…）『異性愛者である方がよい』というＧＩＤ規範が現われる可能性は常にある」と述べたことに少し触れておきたい。まず端的に、現実はそうなっていないと思う。異性愛者ではない当事者たちが書籍やメディアに登場し、可視化されている点は重要だろう。前章で「性同一性障害」と診断された者の戸籍を変更する特例法について述べたが、堀江（2007）は、その法律からジェンダーの再定位と異性愛主義の規範強化を読み取る。国家が定める家族像に基づいて、「許容可能」とする性的少数者の像があるとするのだ。さらに特例法の要件である「現に婚姻していないこと」と「十八歳以下の子がいないこと」から、異性間の二者をつがいとして規定する思想の存在を指摘している。堀江は、特例法の「許容範囲」は、性別二元論にもとづくジェンダーの固定化と、異性愛主義に合致する生活スタイルの二点であるとする。そのうえで、国家が承認・許容する像は、性的少数者のうち「許容範囲」を逸脱しないものに限られている、と整理している。また、法律に沿って戸籍を変更する際、それまで帰属していた「家族」とは切り離して新たな戸籍を編成することから、従来の「伝統的な家族」と根本的な思想は関連し合っていると述べる。許容される範囲にのみ「救済」が行われる結果、「性同一性障害」が戸籍制度の維持強化に利用されかねないという危惧は、その通りであろう。

なお「カップル」や「対」の概念は、異性愛や同性愛を問わず家族制度を下支えし、個人として生きる選択を制約する場合もある。現在、「性同一性障害」当事者とそのパートナーの記録や、カップル共同で管理するＳＮＳアカウントも散見される。「対」を強調することで、現時点の

「正統」である異性愛規範に力を与えかねないという事実は、省みられてもよいだろう。更に言えば、それは「血統」という観念や、天皇制の存続とも深く関わってくる。「つまり、制度が存続する可能性は、国民がいかにその存在意義に無自覚ないし無関心になるかにもよるといえよう。そうした非合理な制度の受動的追認という心理が顕著にはたらいているのが、戸籍制度であり、天皇制ではないか」（遠藤 2019）。

第三章では、トランスジェンダーと医療の関係に紙幅を割く。聞き取り調査から見えてきた日本の「正規医療」の課題に関して述べ、ＱＯＬ（クォリティ・オブ・ライフ）との関係についても言及する。

# 第三章　当事者の「ＱＯＬ」、医療側の「ＱＯＬ」

## ――「正規医療」経験者への聞き取りから

### 一、はじめに

「性同一性障害」（Gender Identity Disorder／以下ＧＩＤ）に関わる医療である「正規医療」の診断についてしばらく考察を重ねてきた。医学的には健康な身体にメスを入れることの正当性を担保するためにあるのが、「性同一性障害に関する診断と治療のガイドライン」である。自分の声を嫌って金串で喉を傷つけたり、身体を憎悪しきって自殺を企てたり、「ぬいぐるみ」を着せられているような気持ちだったり、自分はいけない存在なのではないかと思い悩む当事者たちの深刻な声が、医師たちの気持ちを後押しし、少なくともここ十年、大学病院を中心とする形で「ＧＩＤ正規医療」は継続してきた。

だが、これまでの研究でも指摘してきた（吉野 2008a）ように、ＧＩＤ正規医療の「内実」はかなり曖昧なもので、満足を得た当事者もいる一方、とても表沙汰にできないようなトラブルを抱えてしまった当事者もいる。それが公に検証されぬまま、「正規」の名のもとに、この医療に対して漠然とした正当性が与えられ続けることは問題であるように思う。

特に漠然としているのは、「ＱＯＬ」（クォリティ・オブ・ライフ。一般的に「生活の質」と訳される）との関係性である。外科的な処置に緊急性がなく、身体への侵襲性が高いという点で、ＧＩＤ医療の目的は「当事者の満足度」をいかに高めるか、という点のみに集約される。それは多くの場合、「ＱＯＬの向上」という言葉で表わされている。癌治療におけるＱＯＬのように、相当数の症例に基づき明確な形で指標化されている場合と違って、ＧＩＤ医療においては、統一的なＱＯＬの基準が作られていない。医療側も当事者側も「ＧＩＤ医療はＱＯＬ向上のための医療」、「治療によってＱＯＬを向上させたい」と繰り返しているが、このような現状で、果たして両者の思惑は一致しているのだろうか。

本論では、この「ＱＯＬ」に対するＧＩＤ正規医療側の言い分と、当事者側の言い分を並べてみたい。その比較から導き出されるものが、両者がそれぞれ見ているＱＯＬの姿を、自ずと浮かび上がらせることになるだろう。

## 二、ＧＩＤをとりまく医療状況

「性同一性障害」とは、「Gender Identity Disorder」の訳語で、アメリカ精神医学会の診断基準のひとつである。生まれ持った「生物学的性」と、自分の性をどう認識するかという「性自認」が、うまく噛み合っていない状態とされる。この解釈が輸入される以前には、この手の症状は「性転換症」「性転向症」などと呼ばれ、正式な医療の対象とはされていなかった。日本では、睾丸摘出手術を行った医師が優生保護法違反で有罪判決を受けたブルーボーイ事件の影響が尾を引き、性別適合手術（Sex Reassignment Surgery／以下ＳＲＳ）がタブー視されてきたという歴史もある。「性転換」を望む者は、国内の個人病院や、米国やタイを始めとする諸外国で独自に手術を受けていた。

そんな中、「正規医療」に先鞭をつけたのが、埼玉医科大学であった。日本精神神経学会は、一九九六年に「性同一性障害に関する答申と提言」を発表し、「性同一性障害」という概念を初めて公に問うた。翌年、一九九七年に「性同一性障害に関する診療と治療のガイドライン（以下ガイドライン）」を作成、「性転換」への欲求を性同一性障害という疾病として位置づけることで、健康上問題がない身体にメスをいれることへの倫理的問題をクリアしたのである。これを受けて一九九八年、埼玉医科大で日本初となる公的なＳＲＳが行われた。これが、「ＧＩＤ正規医療」開始までの流れである。

埼玉医科大に続いて、岡山大・札幌医科大・関西医科大・大阪医科大でも、ＧＩＤ専門外来の「ジェンダークリニック」「ジェンダーセンター」が設立され、治療が始まった。ジェンダークリニックを有する大学病院で治療を受けることや、ガイドラインに沿った精神科でカウンセリングを始めることが、当事者の間では広く「正規医療」「公的医療」「正規ルート」などと呼び習わされている。一方、国内の個人病院や諸外国において、当事者たちが開拓してきた独自の医療ルートは「非正規」「闇」と呼ばれている。一九九八年以降の正規医療開始後であっても、拠点病院の少なさから待ち時間に痺れを切らしたり、正規ルートを受診する必要性を感じたりしない当事者は、「闇」で独自に手術を終える場合も多い。現在、様々な情勢の変化によって、国内の正規医療を享受できる当事者はごく限られたものとなっている。関東圏では個人病院間の連携によってジェンダークリニック様の組織を構成しているが、ＳＲＳまでを国内で実施するのは難しい。

ＧＩＤ正規医療は、治療のガイドラインに基づき、カウンセリングによる精神療法、希望者に対するホルモン療法、及び手術療法という順で進められる。診断がおりるまでには、主治医以外の精神科医によるセカンド・オピニオンや、除外診断のための染色体検査・心理検査・内性器検査等が必要となる。しかし正規医療の受診者が、早く診断を受けたいがために、ある種マニュアル化された対応をしているのではないか、ということはしばしば指摘されている。それは、「逆の性」になりたいという欲求の強さをアピールするための過度のジェンダー演出であったり、ありのままのライフ・ヒストリーではなく、医師の気に染むであろう形に脚色した「ストーリー」を語ったり、ということである。

正規医療／医師に対して親和的であること、自分の身体を強く嫌悪していること、「逆の性」に同化・埋没したがっていることなど、「ＧＩＤ正規医療の良き患者」であるための戦略が、性別二元論やヘテロセクシズムと〝習合〟して、模範的なＧＩＤ当事者像――「ＧＩＤ規範」を構築したのではないか、という問いは、これまでにも提示してきた。診断現場の内実はほとんど語られていない。当事者がどのような心身のあり方を望み、それを医師がどのように把握したのか。それが実現されたか、されなかったのか。治療によって当事者が何を克服し、何を克服し得なかったのか。それらの蓄積が殆どないに等しい状況で、一体「GID医療のQOL」とは、どこに拠って立っているものなのだろうか。

## 三、正規医療が標榜する「QOL」

二〇〇四年に改訂されたガイドライン第三版では、QOLの重要性について以下のように記述している。[*1]

4）身体的治療と精神科領域の治療の連携（新しい生活におけるQOLの向上）
精神科領域の治療に携わる者〔上記4－1－（1）〕として定められた精神科医あるいは心

＊1 「性同一性障害に関する診断と治療のガイドライン（第三版）」中の、「V．診断と治療のガイドライン」の項目、「4、治療のガイドライン」の中で「4」身体的治療と精神科領域の治療の連携（新しい生活におけるQOLの向上）」として記述された部分である。http://www.jspn.or.jp/05ktj/05_02ktj/pdf_guideline/guideline-no3_2006_11_18.pdf

理関係の専門家は、ホルモン療法や乳房切除術、性別適合手術など身体的治療の施行後においても継続的に面接を行い、精神的サポートと新しい生活におけるＱＯＬの向上に向けて援助する。

①身体的治療施行前において不十分であった点をさらに検討し、各身体的治療の結果、希望する新しい生活のどのような点が達成され、どのような問題が残されているかを明らかにする。身体的治療を行わない者についても同様の検討を加える。

②新しい生活におけるＱＯＬを向上させる上で残されている問題について、どのような解決方法があるかを詳細に検討し、よりよい適応の仕方を探る。身体的治療に移行するための条件として定めた事項〔上記４－１－（５）〕が揺らぎなく継続し、より安定したものとなっていることを確かめる。

残念ながら、「身体的治療施行前において不十分であった点をさらに検討し、各身体的治療の結果、希望する新しい生活のどのような点が達成され、どのような問題が残されているかを明らかに」した正規医療側の資料には、まだ行き当たっていない。

また正規医療に携わる医師たちは、例えば以下のように述べている。

……ＦＴＭの場合は女性のパートナーとの間で婚姻や子供の問題などを抱えているケースが

ある。これらの問題を完全に解決することはできない。個々のケースにおいて医療が提供できる方法を提示して、その時点での問題点を改善することになる。したがって、性同一性障害の治療はQOLを高めるために行うものであること、どのようにすればQOLが高まるのかを一緒に考えていく姿勢が重要である。(康2007)

日本精神神経学会は一九九七年五月に性同一性障害の診断と治療のガイドラインを公表した。これにより性同一性障害は医療の対象と位置づけられ、次第に性同一性障害は社会的に認知された。(…)当科ではMale to Female(MTF)に対して生物学的性の決定及びFemale to Male(FTM)に対してホルモン治療を行なっている。またMale to Female(MTF)の性同一性障害患者に対する性別適合手術(sex reassignment surgery:SRS)を形成外科と協同で行っている。二〇〇六年五月までに二一一人の性同一性障害患者が当院ジェンダークリニックに受診され、現在も増加の一途をたどっている。当科ではSF-36に基づいたアンケート用紙によりQOL調査を行なっている。性同一性障害に関する問題点・今後の展望について臨床的検討を含めて報告する。(地崎ほか2007)

ガイドラインや、正規医療側の「大本営発表」では、患者のQOL向上にいかに注意を払っているか、またその満足度が重要であるかという内容になっているが、果たして本当かどうか疑問が残る。これらは統一的な質問項目による調査でもないし、そもそも設問自体が明確に発表されていない。

唯一判ったのは、関西医科大学の泌尿器科で使われている指標は、「SF-36」というＱＯＬ調査だということである。これは日本では最も普及している調査用紙であって、腹部大血管手術、アレルギー性鼻炎、小児腎不全、骨粗しょう症など、非常に汎用性の高いＱＯＬ調査ということになっている。[*2] 基準は、「身体機能」「日常役割（身体）」「身体の痛み」「社会生活機能」「全体的健康感」「活力」「日常役割（精神）」「心の健康」という尺度で計られる。しかしこれも、米国でつくられたひとつの「パッケージ」、「ＱＯＬの定番商品」なのである。

アレルギー性鼻炎と、ＧＩＤのＱＯＬを同じ尺度で計ることに、どの程度の有効性があるのか判らない。独自のガイドラインを作成してＧＩＤという「疾病」「医療対象」を作り出したならば、何故その成果についても独自の尺度を作成するということにならないのか。ガイドラインに記述された「新しい生活におけるＱＯＬを向上させる上で残されている問題について、どのような解決方法があるかを詳細に検討し」という部分は、「SF-36」という指標で必要充分であるのか。

ＧＩＤ医療においてＱＯＬが尊重されているという前記の「成果」が真実ならば、当事者が集まる、ｗｅｂサイトや自助グループで、なぜ「いい医者はいないか」ということが話題になり続けるのだろうか。正規医療がこれほどの成果を誇るのであれば、当事者がそれ以外の選択肢を血眼になって探している現状は、不可解である。決して、待ち時間が長いという類の問題だけではないはずだ。

## 四、当事者への聞き取り調査（一）

次に、当事者側の声を拾い上げてみたい。

聞き取りの対象としたのは、性別移行の以前、途中、以後に渡って、いかなる当事者コミュニティにも接触したことがなく、web上の自助グループや学習会等にも参加したことがない当事者二名である。通院者同士が集うサークルはあるが、正規医療に親和的な形で機能しており、フィルタがかけられた状態である可能性もある。*3 今回の調査協力者は、正規医療と非正規医療の両方を体験しているという境遇からも、医療の「実態」を語ってもらうには適した人物と言えよう。

一人目の協力者（以下X）は、戸籍上の性別を変更済みであり、望む性別での生活を送っている。調査方法は対面とし、本調査は計五時間程度、補足的にメールやチャットでもやりとりを行った。

*2　公式サイト http://www.sf-36.jp/What.htm

〈一〉ある大学病院での経験

Xは二〇〇〇年代に正規医療を手がける大学病院への通院を開始し、身体への処置は「闇」と呼ばれる個人病院で行った。そのきっかけとなったのは、正規医療の精神科医から「大きな声じゃ言えないけど闇でやった方が早い」と言われたことである。当時Xは「闇」についての知識がなく医師に問い返したところ、「立場上はっきりとは言えないが、個人でやっているところがある」と告げられた。その際、「あなたなんかより助けたい人がたくさんいるんだ」とも言われたという。理由は示されなかった。

Xは「正規の医者に勧められた」という認識で個人病院に行き、性別移行に関わる処置を受けた。その次に大学病院を訪れたとき、医師の口から出たのは「え、本当にしちゃったの?」という言葉だった。Xは恐怖に陥り、主治医が勧めたのだから責任をとってほしい旨を伝えたところ、「もう闇でやってしまったからには、正規医療に来ても意味がないし、アフターフォローもしたくない」と返答された。当該の精神科医は、個人病院で身体移行を始めることが、正規医療からの「ドロップアウト」になることを、事前に告げていなかったのだ。

それどころか、「その手術はどこでやったのか」、「金額はいくらだったのか」、「また来て情報を教えてほしい」などの発言もあった。Xは強い怒りを感じ、その大学病院と決別した。

〈二〉個人病院Aでの経験

その後Xは、身体への処置を行った個人病院Aに通うことにした。A医師は老練な印象だったという。切羽つまっているXに「心配するな」と告げ、これまで手がけてきた者がどんな職業に就いたか、どのように生活しているかという具体例を挙げた。将来のロールモデルがなく不安を感じていたXにとって、それは勇気づけられる事実だった。

A医師は、いわゆる「正規医療」が整備される前から、独自で性別移行を手がけていた。経験が豊富で自信もあったからか、正規医療の進捗について鼻で笑う気配もあった。「ガイドラインだなんだと言って長々とカウンセリングをするのは、後にトラブルが起こったときに『ちゃんと治療してました』と言うためのアリバイづくりだ」という旨を述べていたという。

A医師からの紹介を受け、Xは個人病院Bで更なる性別移行を進めることにした。

〈三〉個人病院Bでの経験

＊3　個人的な体験では、教員としてはたらきながらトランスジェンダーであることをカミングアウトして様々な活動を行い、ある病院の患者会代表もつとめている土肥いつきとのやりとりがある。二〇〇八年六月のある集まりで、飲酒した状態の土肥から話しかけられた際、「自分は医師とトラブルを起こさないために会をやっている」という発言があった。「そこに参加している人の手術がうまくいかなくて裁判を起こしたいと言ってきたらどうするんですか」と問うたところ、「応援はするやろうけど……」という答えで終わってしまい、患者会として医療を批判するという方針を聞くことはなかった。

個人病院Bを紹介してもらえたXは運が良かったという。B医師は、何回かの通院で関係性を作ってからでないと、治療に進んでくれないという評判だった。この聞き取りを実施する以前にB医師は物故していたため、Xにはいくつかのエピソードを語ってもらった。

B医師は見るからに、独自の哲学を持っている印象だったという。初診では三時間かけて話を聞いてくれた。正規医療開始の数年前から本格的な手術にあたっており、手術に踏み出す前には、B医師なりの基準を設けていた。Xが認識していた範囲では、それは次のようなものだった。

・正規医療の「性同一性障害」診断を受けていることは必須でない。
・術後にきちんと生活していく術を持っていること。
・少なくとも前段階の処置から一年以上は経過していること（その変化を後悔していないかを確認するため）。
・まず話を聞き、信頼関係を重視する。飛び込みで来た人には、支払い能力があっても処置をしない。

この他にXが聞き及んだこととしては、手がけた中で仕上がりの悪かった者に対しては、滞在費なども負担してやり直しをしているらしいということだった。そのため非常に多忙そうで、病院の規模自体も小さかったという。

B医師はFTMの乳房切除手術や、「ニューハーフ」と呼ばれる層の手術を数多く手がけていた。彼女らは手術を終えても、翌日から突然「女性」として生きていくわけではない。「ニューハーフ」として仕事に従事すれば「ニューハーフ」として扱われるし、戸籍の性別を変更する特例法ができる以前は、公的な性別と外見との間に食い違いが生じていたわけである。手術をし、性別を変えて生きるということに関して、B医師は「よく『性別適合手術によって生まれ変わる』と表現されるけれど、むしろ逆だ」と語ったという。「手術によってアイデンティティを再構築するのではない。過去を否定せず、昔の自分も認めてこそ、過度のジェンダー演出からも逃れられるようになる。そうやって、これからの自分が作られていく」。Xはこの言葉をはっきりと記憶している。人生は日々を積み重ねることでしかつくれないのだ、というB医師なりの信念だったろうか。手術によって新しい人生が始まる、というのはGIDをとりまく定番のフレーズだが、性別の移行前と移行後を連続的に捉える医療者も存在したのだ。

なお、B医師は正規医療については口が重く、ほとんど触れることはなかった。二〇〇二年頃に、ポツリと「団体や運動には関わりたくない」と漏らしたという。

〈四〉正規医療に求めたかった「QOL」

Xはいわゆる「正規医療」から「闇」へとシフトし、見た目や機能も含め、満足いく手術結果を得ることができた。ただ、大学病院では最後まで不快な経験をした。戸籍の性別を変更する際、家庭裁判所から「個人病院の診断書では受理できない」と言われ、診断書を入手するために何年ぶりかで大学病院を訪れた。その際、精神科医はXの性別適合手術が終了していることを当然に知りながら、出生時の性別に基づく診療科で検査を受けるよう一方的に告げてきたという。

正規医療のガイドラインでは、患者の心性に配慮して診察の環境も慎重にすべし、ということになっている。正規医療を手がける病院の学会報告や医師の論文では、ＱＯＬは重要である、患者は満足しているということが報告されているが、Ｘの実体験とは解離がある。正規医療が標榜している「ＱＯＬ」に対して、何が言えると思うかＸに尋ねた。

強く思うのは、カウンセリングの実質化だという。Ｘの経験上、精神科医は世間話が多く、通い続けることに意味を見出すことが難しかった。ホルモン療法すら開始していないのに、「望む性別の服装で生活してみたら」と提案されても、実現性に欠けるものだった。家族や社会との関係を保ちながら性別移行を進めていく具体的なアドバイスが欲しかったのだ。だからこそ個人病院Ａで「先人」の情報を聞いたときは安堵したという。

また場合によっては、家族や学校、職場、コミュニティへの橋渡しが必要だと感じている。ホルモン療法や外科手術以外に、生活環境に資するサポートがあってこそ、医療は「ＱＯＬの向上が可能」と言ってよいのではないかと、Ｘは考える。現在の正規医療は、結局は当事者の自己責任に帰結させている部分が多いように見えるという。性別適合手術が終了しても、定期的に血液検査を受けたり、リスクが高まる疾病のチェックができたり、長期スパンの関係性を展望できるとよいのではないかという視点も持っている。

この聞き取りを実施した際、Ｘに「人生におけるＱＯＬ変化のグラフ」を描いてもらった。それは思春期に落ち込み、ＳＲＳ／性別適合手術後に上向きになっているような曲線ではなかった。手術は身体への侵襲も大きく、術後ケアに苦労した思い出の方が大きい。人間関係の構築や、将来の展望に伴う自己肯定感の方が、ＸにＱＯＬの向上を感じさせた。手術以前・以後の一部を切り取るだけでは、見落としてしまうものがある。身体の変化は重要だが、全てではない。

## 五、当事者への聞き取り調査（二）

二人目の協力者（以下Ｚ）は、身体の一部を手術し、通名を使用して生活している。調査方法は対面とし、計五時間程度行った。

〈一〉近畿大学ジェンダークリニックでの経験

Ｚは、ＦＴＸという立場をとっている。ＳＲＳまでやりたいと考えていた時期もあったが、今のところ乳房切除手術のみで満足しており、ホルモン療法も、したい時が来たらするということにしている。

Ｚは早いうちから自分の性的指向について意識しており、女性でありながら女性を好きになる自分はレズビアンだろうと考えていた。そのため、女子の制服や第二次性徴について、特に大きな悩みとなることはなかった。しかし様々な体験を経て、自分の身体に目が向くようになった。

「女性である以上そういうものだ」と考えていた胸の膨らみなども、次第に自分には余計なものだと感じるようになった。

心身の調子を崩したZは、ジェンダークリニックに罹ろうと考えた。だが、大阪医科大と関西医科大は混み合っていて予約がとれず、近畿大学を選択した。若い男性医師にこれまでの経緯を話し、セクシュアリティの悩みについても触れたところ、突然「普通じゃないですよね」と言われたという。他にも、留学の経験について「現実から逃げたくて留学するのはどうなのか」など、否定的な発言が繰り返された。

Zは大きなショックを受け精神状態が悪化し、二度と近畿大に行くことはなかった。回復のため一年ほど個人の精神科に通院し、安定を取り戻すことができたZは、二〇〇〇年代半ばに、岡山大学を受診することを決意した。

〈二〉岡山大学ジェンダークリニックでの経験

岡山大学の初診では、簡単に生育歴を訊かれ、印刷されたガイドラインを渡されたのち、治療に関する説明を受けた。Zは医師に対して、乳房切除はしたいが完全な男性化は目指していないという気持ちと、治療はどこまでするか決めていないということを伝えた。医師は「最近そういう人も多いみたいだね」と、淡々と応じた。

その後、検査は滞りなく進んでいったが、Zは徐々に不安を抱くようになった。初診からずっと同じ精神科医の診察を受けていたが、「全然深いことを話していない」という点が気にかかったのである。医師から特別、質問をされるということもなかったし、ライフ・ヒストリーも書いていない。そもそも問診のときさえ詳細な情報を伝えていない。自身のセクシュアリティについて共有できた感覚がないにもかかわらず、スムーズに診断がおりてしまった。

判定委員会[*4]を通った後に、精神科医からは「まぁいずれはホルモンも打つんでしょ、いつでも始められるから」と言われ、Zは「やはり診察の際に話したことが伝わっていないのでは」という思いを強くした。泌尿器科を訪れた際にも、即座にホルモン療法を開始することを前提に説明がなされたという。その後、乳房切除手術の説明を受けるために形成外科へ出向いた。術式については、「胸が大きいから切開線の大きい術式でやることになるだろう」、「傷跡については最善を尽くすけど、海とかは行けないだろうね」と説明を受けた。その後すぐに手術日を決める流れになったため、予約はいれたものの、精神的な安定感はついてこないままだった。手術の日取りなどの情報は医師間で共有されず、Z個人が逐一報告しなければならなかった。診療科間で連携するというガイドラインがあるのに、実際にはチーム医療が機能していないのではと感じ、正規医療を選択する根拠はますます揺らいだ。結局、Zは手術の予約をキャンセルした。正規医療が

＊4　判定委員会とは、医師はじめ専門家によって、次のステップの治療に進んでも問題がないか話し合い、決定する場。

提供されているならばそれを利用しようと思って今まで通ってきたが、最後のところでその意義がつかみきれなかった。これまでの診察経過を振り返っても、「岡山大で大丈夫だろう」という信頼が、どうしても生まれなかったのである。

〈三〉個人病院Cでの経験

その後Zは、知り合いから紹介された個人病院Cを訪れ、手術の相談をした。C医師の術式は、岡山大で説明されたものとは違っていた。乳輪の下部に沿って切開するもので、傷跡は目立ちにくい。加えて、これまでの手術の様子を示すたくさんの資料が提示された。リスクの説明も充分に重ねるC医師の姿勢に、Zは安心感を持った。二〇〇〇年代後半、Zは個人病院Cで手術を受けた。術後の経過は良好であり、多少の左右差と色調の違いはあるものの、修正手術をするほどではないと考えている。周囲の目を気にすることなく、二度、海に行くこともできた。

Zは当初、ガイドラインの内容に希望を持って正規医療での手術を望んだが、実質化されていないと感じたことでドロップアウトせざるを得なかった。その手技が明らかに優れているならまだしも、個人病院の術式で満足した今となっては、正規医療を選択する意義を見出すのは難しいと、Zは感じている。

## 六、おわりに

正規医療側が標榜する「患者の満足」や「QOL」と、当事者であるXとZの経験を紹介してきた。率直に感じるのは、やはり両者は確実に「ずれている」ということである。Xからは、長期的な術後ケアの話も出た。この問題における「QOL」は、ある瞬間を切り取って評価したり、指標化したりできるものではないと言えよう。間違っても、退院時に書かせたアンケートだけで判断してはならないのだ。一年後、三年後、五年後というふうに推移を記録していかないと、医療側も当事者側も、「QOL」という物差しを安易に使うことはできないだろう。

医療側は統一的なQOL指標をつくっていないし、追跡調査も行っていない。そのような状態で、「QOLの向上」があったと結論づけられるのか。それは拠点病院同士が、統一的な指標のもとで症例を蓄積した後か、独自の指標を作成してから述べるべきことだ。そのかわりに、医療だからこそ計測できるものがある。それが、当事者の身体にまつわる実際の数値である。基礎的なデータに加えて、どのような年齢の、どのような体型の者にどのような術式を施した結果、どのような変化が起こったか、記録し続けることである。例えばFTMの乳房切除に際しては、日本の男子平均二十八ミリの乳輪をつくることが定石であるが、果たして一律の対応でよいのか。大柄な者も、華奢な者もいよう。医師は術後も測り、記録せねばならない。自らのメスがつくった身体の、サイズや色、深さ、形、感覚を。その背後に当事者の笑みがあって、医療は初めて

「ＱＯＬの向上」に立ち会ったのだと言えはしまいか。

現在、医療側が想定するＱＯＬは「生活の質」であるのに対して、当事者側が想定するＱＯＬは「生の質」ではないか、という直感がある。おそらく、乳房がなくなった／乳房の膨らみができたという事実そのものが「生活の質」で、その身体にフィットする衣類をまとって喜びを感じられることが「生の質」である。もちろん、後者は数値化できない。だからこそＧＩＤ医療は、数値化できるものを愚直に蓄積し、そのデータを手技に還元する必要がある。話はそれからだ。

◇長時間に渡って詳細な聞き取りに応じてくれたＸさん、Ｚさんに感謝します。

（二〇〇九、二〇一〇年）

# 第三章補論

論文「当事者の『QOL』、医療側の『QOL』――『正規医療』経験者への聞き取りから――」は、諸般の事情により、発表時の趣旨を損なうことのない範囲で調整を行った。二〇〇九年と二〇一〇年に執筆した二つの論文をまとめ、再構成したものである。

本論で紹介した聞き取りの内容については、クィア学会第一回大会（二〇〇八年十月一日開催）で、「性同一性障害『正規医療』におけるQOL向上を検討する」と題して報告も行った。その際に衝撃だったのは、発表を聞いていた大学教員から詰め寄られたことである。[*1] 報告自体は短く、聞き取り内容の紹介にとどまる簡単なものであっただけに、その口調の強さにはかなり面食らった。

たしかに私は、医療技術そのものについては素人である。QOLについても、現場にいる者からしたら的外れな記述があるかもしれない。しかし本論執筆当時、「性同一性障害」治療のガイ

＊1　東優子氏（大阪府大教授、GID学会理事）から、「あなた、いったい日本の正規医療をどうするつもりなの」と問い質され、「また後で連絡するから」と名刺を渡された。その後、連絡が来ることはなかった。

ドラインにＱＯＬのことが明記してある割には、その内実を示す資料になかなか行き当たらなかったのが事実である。それから十年近く経過し、正規医療側の「ＱＯＬ」言説にはどのような変化があるだろうか。また、聞き取りで語られた「闇医療」のＢ医師について、パートナーによる書籍が刊行されている。その内容も参照しつつ、ＱＯＬについて考えていきたい。

「性同一性障害」医療は極めて特殊で、医療の目的はそれを受けた本人のＱＯＬ向上に尽きるにもかかわらず、独自のＱＯＬ指標や追跡調査がないということは本論でも述べた。個人的な経験としては、身体改変にかかわる手術の予後がはかばかしくなかったとき、執刀医に尋ねたことがある。あなたも二十数例経験しているならば、どのような者にどのような術式がベターなのか把握しているだろう、と。ところが執刀医から返ってきたのは「手術が終わったら形成外科の方には来なくなるから、満足度などはよくわからない」という言葉であった。これはとりもなおさず、精神科との連携がないことを示すものでもある。

では、性別移行と関係しない「一般的な」手術のＱＯＬ調査にはどのようなものがあるだろうか。文献にあたった結果、静岡県藤枝市立総合病院の前身「志太総合病院」で、一九八九年に用いられていた指標を見つけた。乳がん患者の乳房再建の意義を示すために、術後のＱＯＬを把握していたものである。

●「患者から見た乳房再建の意義」乳癌術後の quality of life に関する質問項目

1. 手術後のきずの痛みはどうでしたか
2. 現在日常生活の動作で制限をうけることがありますか
3. 手術後のあなたの身体の形についてうかがいます
A. お風呂などで裸になってみた場合、どう感じますか
B. 衣服をつけた場合はどうですか
4. 衣服についてどのくらい気をつかいますか
A. 下着類について
B. 下着以外の服について
5. 温泉など他人と一緒にお風呂にはいれますか
6. 水泳などのスポーツをする気がありますか
7. ショッピングなど、人の多い場所へ出かけることはどうですか
8. 手術により、友人、隣人などとのつきあいはどう変わりましたか
9. あなたの病気や手術のことについて友人や他人に話をしますか
10. 乳房は女性のシンボルとも言われますが、乳房切除によって女性としての価値が損なわれたと思いますか
11. ご主人との関係についてうかがいます

A．ふだんの愛情について変化がありますか
B．性交渉の意欲については変化がありましたか
あなたの欲求は
ご主人の欲求は
12．あなたの病気に対する不安はどの程度でしょう
13．職業をもっていた人は現在どうなっていますか
（金丸 1999）

この調査によって医療側は、外科手術によって外貌が大きく変化することや、術後の健康への不安を具体的に把握しようとしている。年代的には古い感覚や言葉遣いがあるものの、質問項目自体は練られている。痛み・日常動作・外貌の変化の受け止め方・行動範囲・性生活・精神状態など広範囲にわたり、二十代から七十代までの患者に満遍なく調査を行ったようだ。これは女性として生きている人が、乳がんによって乳房を切除した「わかりやすい」事例であり、母数が大きいから調査しやすいという点はＧＩＤ医療と異なる。とは言え、一病院が独自にＱＯＬ指標をつくり、その調査結果を再建手術にフィードバックする努力が三十年前から存在していたことは意義深い。

ＧＩＤ医療に関して、統一的なＱＯＬ指標を作成することが容易ではないのは想像がつく。ただ、そうであっても風邪と同じ尺度でよいのかというのは本論で述べた通りである。内部では何

らかの試みがあるのかもしれないが、それは明らかに当事者には伝わっていない。正規医療側のＱＯＬに関する言説は、この十年あまりで進展があったのだろうか。例えば、精神科による次のような報告がある。

（…）身体的治療や戸籍上の性別変更を行っても完全に解決することのできない問題も数多く存在する。そのサポート体制を強化することは、精神科領域の治療においても今後の課題の一つとなるであろう。

（…）身体的治療により性別違和に伴う苦痛が軽減し、その結果精神的安定や社会適応の改善が得られることは多い。一方で、反対性の身体的特徴に近づけることができても、完全にジェンダー・アイデンティティに一致するわけではなく、体と心の解離は持続する。もちろん身体的治療の適応を判断することは精神療法の重要な役割の一つである。しかし、身体的治療を行っても性別違和を持つ者の苦悩がすべて解決するわけではないことも忘れてはならない。その点を認識し、性別違和を持つ者の心理特性を理解した上で、受容的共感的態度で接していく必要がある。精神療法において、治療者が個々のケースにおいて適切な医療情報を提供し、性別違和に伴うさまざまな問題点を改善することでＱＯＬの向上を図ることが望まれる。（高橋ほか 2016）

この報告は、本論で紹介した康（2007）もメンバーに含まれている。康は二〇〇七年には「（…）個々のケースにおいて医療が提供できる方法を提示して、その時点での問題点を改善することになる。したがって、性同一性障害の治療はQOLを高めるために行うものであること、どのようにすればQOLが高まるのかを一緒に考えていく姿勢が重要である」と述べており、内容にはほとんど変化がない。普遍的な結論であることは理解できる一方、どのような「医療情報を提供し」たのかを知ることはできないし、それが適切だったのかも判断できない。何よりも、統一的な指標やデータの蓄積に関する言及がないことで、この見解への信頼性はかなり揺らぐ。また、実質的にQOLについて述べていると判断できる言説には、次のようなものもある。

GIDに対するSRSは身体の性：sexを心の性同一性：gender identityに近づけるための手術である。本手術を行うことで本人の性別違和は緩和されるが、希望する性別の機能的身体を獲得できるわけではない。患者の中には手術を受けることで、その後の人生が大きく転換するような過大な期待をしている方もいる。そのような患者は期待と術後の現実とのギャップに悩み、燃え尽きてしまうこともある。本手術はあくまでもGIDから生じる精神的ストレスを和らげる緩和医療であることを、術前に十分説明しておく必要があり、治療後も精神科医による継続したメンタルケアが必要である。（難波 2015）

よく性同一性障害（ＧＩＤ）の治療は精神科が入り口で、形成外科が出口といわれる。しかし精神科医がＧＩＤの診断をつけて、形成外科医がＳＲＳを行えばＧＩＤ患者の治療は終了というわけではない。出口を出て社会に復帰するときの患者の抱える精神的ストレスなどに対しても、やはり精神科医の果たす役割は大である。すなわちＧＩＤの治療はいずれの段階においても精神科が中心となって進められるべきものである。（難波2016）

継続したケアの必要性については、本論でも指摘したところであり、精神科の役割は当然重要である。ただ「いずれの段階においても精神科が中心となって進め」るためには各診療科の充分な連携が必要であり、実現性は各拠点の努力によって違ってくるだろう。さらに、形成外科医が担うべき役割は、決して外科手術だけではあるまい。かつて筆者は、形成外科医の言葉によってＱＯＬが大きく損なわれたと感じたし、精神科以外の医師の認識も、当事者のＱＯＬを確実に左右するものである。では、精神科以外の医師が当事者の心性について述べた事例はないだろうか。

二〇一九年、その一部を示す書籍が刊行された。第三章本論で登場したＢ医師、すなわち和田耕治医師のパートナーによる『ペニスカッター』である。和田の「哲学」について、本人や周囲の言葉をいくつか取り上げてみたい。

美容外科一般を専業とし、普通の女性が多く訪れますが、FTM―TS（性同一性障害の女性）の人が男性ホルモン療法や乳房切除手術を希望して全国から来院されたり、MTF―TS（性同一性障害の男性）の人が女性ホルモン療法やSRS（性転換手術）や女性化のための美容整形の相談を求めてたくさん訪れ、事実上その分野の専門医のようにもなっています。しかし今もそういったことを宣伝広告していることは一切ありません。なぜなら私はあくまでも性同一性障害の問題に精通する一美容外科医であると考えており、特別に性同一性障害の専門医であるとは思っていません。（記者とのメールより）（和田、深町 2019）

そもそもカウンセリングではできるだけ真実の手術の実態をわかってもらい、効果、限界、予想される経過を述べる中で必要な術前・術後の注意を認識してもらい、それらを軽視することでかくかくしかじかのトラブルがおこる可能性がある、という形の中でトラブルにも触れ、総合的な理解をしてもらうことが重要かつ基本的なことであって、あれも言った、これも言ったと画一的にただ話をならべることがカウンセリングとは思いません。

そういう意味では、カウンセリングの具体的なあり方は相手によって変わるものであって、患者さんの元来の性格や知識や関心事といったことにあわせて、展開されるものです。羅列した項目の多寡で評価されるものではありません。（ある裁判での陳述書より）（同）

耕治はもともとこの手術を始める時から、倫理委員会などが参考にしたと言われるハリー・ベンジャミンの論文などを研究し、すでに自分なりにアレンジして取り入れていた。

耕治の独自のガイドラインについては、本人が具体的に書き残したものはないが、ナースが事情聴取で供述した記録がある。（…）

（…）他にも多くの和田院長的ガイドラインはあると思いますが、院長の判断で、その時その時で、トータル的に患者とかかわる。先生は「自分が生きている限り一生自分の責任をもってアフターフォローをする」と言っています。（同）

和田は、自身を「性同一性障害の専門医であるとは思ってい」ないためか、ジェンダークリニックと共通する用語を多用するわけでもなく、一部には解釈の誤りもある（文中の「性同一性障害の女性」、「性同一性障害の男性」は、生まれ持った身体を基準に考えて表現したのであろう。現在では、性別移行して男性として生きる／生きたいと望むひとは「トランス男性」と呼び、女性として生きる／生きたいと望むひとは「トランス女性」と呼ぶ。あくまで、本人が自分の性をどう捉えているかに依る）。

とはいえ、「耕治の独自のガイドライン」、「和田院長的ガイドライン」という言葉も出て、その内実にはQOLの指針と呼んで差し支えない要素も含まれている。「カウンセリングの具体的なあり方は相手によって変わるものであって、患者さんの元来の性格や知識や関心事といったことにあわせて、展開される」という説明や、アフターフォローへの態度である。また別の部分には、術後ケアの充実のため、独自の鋳型で用具を自作し続けていたというエピソードも登場する。当事者の満足のためにと術式のマイナーチェンジを繰り返し、「和田式」と呼ばれるようになった手術は、最終的に六百例を超えたという。

和田の病院では死亡事故[*2]も起きており、『ペニスカッター』では紹介されていないトラブルもあったかもしれない。それでも、その実績は群を抜いており、正規医療との連携が模索されている最中にこの世を去ったことは、あまりに大きな損失だったと言えよう。和田の発言が学術論文で紹介されることはほとんどなかったため、ここで以下の部分をしっかりと記録しておきたい。

（…）正統派の多くの医師達は性転換手術を無視し、性同一性障害を三〇年間も見捨て続け、やっと一〇年前に始まった〔このブログ記事は二〇〇六年公開〕大学の精神科・外科の性同治療もこの一〇年間で、目の前にいる患者たちにどれだけのことをしてくれたでしょうか。何一つ評価しないと言うつもりはありません。

しかし一〇年も経っているのにまだこれだけなのかという患者たちの悲鳴、初診まで半年〜一年、手術まで三〜五年という非効率な診療実態は、いったい誰に責任があるのでしょうか。治療が治療の体をなしていないのに、定められたガイドラインにどれだけの重要性があるでしょうか。（同）

すでに戸籍特例法が施行され、性別変更の要件としてSRSを済ませなくてはならないのに国内ではその手術を受ける手続きがたいへん煩雑で実質受けられないのと同じという現状は特例法の成立した意味をも台無しにしている、まったく患者不在の医療でしかないと思います。

精神科的に診断され、治療や手術の必要が、この治療に関わる専門医師たちによって判断されたら、患者さん本位に積極的に治療が進められていくべきです。とくに手術はただ行えば良いというものではなく、より良い結果が望まれます。（書類送検報道時、記者とのメール）（同）

和田は「積極的に」と述べているが、これはただスピードを求めているのではない。他の部分では、患者によっては慎重に、手術を行うまでに何年もかけると述べている。ひとりひとりの状況を見て「患者さん本位」であること、「手術はただ行えば良いというものではな」いという部分が、和田のQOLへの認識だと言えるのではなかろうか。和田は症例数を重ねる中で、当事者が身体を変えるために生きているのではないということを知った。変えたあと、どのように生きることができるかを考えていたのだ。本論で紹介した和田の言葉を、もう一度書いておこう。

＊2　和田クリニックの死亡事故は二〇〇二年四月に報道された。性別適合手術を受けた会社員が術後に急変して死亡したが、真相解明には至っていない。和田医師は三年半後に書類送検され、更にその九ヶ月後に不起訴処分となった。

手術によってアイデンティティを再構築するのではない。過去を否定せず、昔の自分も認めてこそ、過度のジェンダー演出からも逃れられるようになる。そうやって、これからの自分が作られていく。

ここで、第三章本論で紹介した二人目の聞き取り対象者、Zの事例について付け加えておきたい。この補論を書き下ろすにあたって、Zに八年越しの聞き取り調査を行った。ときに曖昧な存在として疎まれることもあるFemale to Xとして生きてきたZが、身体的な処置を行ったのち、どのように過ごしてきたのか。生き方の変化があったのか、岡山医科大ジェンダークリニックでの経験を振り返って今だから言えることはあるか、話を聞いた。

二〇一〇年から今日まで、Zの生活は決して平坦なものではなかった。精神的なバランスを崩したり、交通事故に遭ったりして複数回の長期入院があり、資格取得を目指して大学に編入するなど、大きな出来事もあった。ただ身体改変については一貫して、「胸の手術をして本当に良かった」という気持ちが持続している。

Zは、外性器の形状や内分泌系の機能から、「自分の身体は根本的に女性である」と認識している。しかし手術によって、「女性の象徴」として捉えられることも多い乳房のふくらみがなくなり、ある程度「女性性」から解放されたように感じた。それは自己のボディ・イメージだけでなく、他者の眼差しが介在したときにも、意識しなくて済むようになったからだと考えている。「女性」ではあるが「ちょっと違う」ことで、感覚的にジェンダー規範から逃れやすくなったのである。「女性」としてのパーツを受け入れつつも、必要以上の葛藤が解消されたことで、身体改変後の身体に心地よさを感じるようになった。同時にブラジャーなど下着についての悩みもなくなり、安定を感じているという。男性ホルモンを摂取するかどうかについては、二、三年悩んだ時期もあった。身体の中で男性化したい部分とそうでもない部分があるが、ホルモンがどのように作用するかはわからない。悶々としていたが、姉や交際相手が「ジェンダーレスな感じ」を肯定してくれたこともあって、ホルモンへの欲求は薄れていった。

セクシュアリティに関しては大きな変化があり、性愛の対象が広くなったという。Ｚの言葉を借りれば、かつては「恋愛」も「性愛」も女性を対象としていたが、現在では男性を性愛の対象にすることもあるという。それは内面に揺らぎがあるからというわけではなく、単純に身体同士の「マッチング」という感覚で捉えている。いちいち「女性の身体で生まれたけど心は違う、だからこの行為も『普通』のものとは違うんだ」という、自らへの言い訳もしなくて済むようになった。ひとむかし前は、性行為に伴って自身の性器を使うことができるのは「偽物」のトランスジェンダーだという言説も根強かった。しかしＺは、自らの身体のありようを生身で感じることのできる行為だと捉えている。「女性的」な部分もそうではない部分も含め、そのままの身体を率直にさらけ出すことは自己受容につながり、ストレス管理にも役立つ気がするそうだ。

かつて正規医療において「性同一性障害」と診断されたことについては、「名の変更のとき診断書が役立ったな」程度の感想であって、過去のことに感じるという。しっくりこない、自分には必要のない言葉になった。Ｚは精神が不安定なとき、自分は「性同一性障害」だから、トランスジェンダーだから不安定なのか、と自問自答してきた。いま結果的に「そうではない」という気持ちを抱いているが、だからといって医療にアクセスした事実や「性同一性障害」と診断された事実を抹消したいわけではない。ブレながら人生を歩んできたのではなく、そのときどきで良いと思う行動をしてきた。取捨選択と試行錯誤の結果、現在の境地があるのだ。

岡山医科大での手術を目指したもののドロップアウトしたことに、後悔はない。何をもって「正規医療」なのかどうか、やはりわからないからだ。当時は、わかりやすい窓口として正規医療があり、応援してくれる家族のことを考えると、大学病院の方が安心するだろうという思いもあった。しかし振り返ってみると、やはり診療科同士の連携は乏しかったし、遠隔地から岡山に通う者への配慮にも欠けていた（医師が日程を間違って伝えたことがあり、診察がまるまる無駄になったこともあった）。ガイドラインに掲げられていた理想には共感し、そのルートを使えば社会的な意義もあると考えたが、完全に納得しないまま手術を受けても、自己犠牲にすぎなかっただろうと思っている。例えば術式の提示の仕方も、ベストではなかった。「あなたの体型はこうで、これまでの症例に鑑みて、このような根拠から術式を決めます」と説明されれば納得できるが、「術式はこれです」とだけ言われても、「そうですか」としか応えようがない。また、医師には「術後の身体を受け入れられるか」、「家族やパートナー、身近なひとに見せられるか」といった視点が欠如していたように思った。

「でも、おかしいんですよね」

Ｚが、八年前の聞き取り内容に目を落としながら言った。そこには「傷跡については最善を尽くすけど、海とかは行けないだろうね」という医師の言葉がある。

「この、海に行けないっていう説明だけは、何回かされた記憶があるんです。別にこちらから、『海に行ける程度の傷跡ですか？』とか訊いたわけじゃないのに、なぜか強調された気がする」

そこで、はたと思い当たり、二人で顔を見合わせた。

「もしかして、『上半身裸で海に行けること』っていうのは、当時の岡山大なりのＱＯＬ指標だったのでは……？」

思わず声をあげ、ひとしきり笑い合った後で、Ｚは冷静に言った。

「そうだったとしても、完全にズレてますよね。上に、何か羽織れば済む話ですから」

そうなのだ、別に浜辺で半裸を競うような世界に参入したいわけではない。医療側が一方的に、古いジェンダー観に基づいた物差しで計ってもわからない。満足のいく身体にどのくらい近づくことができたか、まずは当事者に尋ねてくれなければ。

本論で用いた二〇一〇年の論文は、「ヒポクラテスの切っ先」として『現代思想』二〇一〇年三月号に掲載されたものである。再構成に馴染まず削除した部分を、以下に提示しておく。

今、手もとに『GID（性同一性障害）学会十年の歩み』がある。一ページ目には、「学会雑誌創刊にあたって」と題された、理事長の挨拶文が掲載されている。その一節に、「また、まだまだ不十分ですが、国内で当事者に医療サービスを提供できる施設が徐々に増えてきました」とある。たとえ挨拶文であったとしても、このようなことを書いてのける限り、正規医療に展望はないだろう。一体なぜ、本当のことを言わないのか。たとえば、二〇〇七年四月、埼玉医科大で突然ジェンダークリニックが停止し、予約患者三十数名が途方にくれたことは、学会にとっても大激震だったはずである。公式な理由が発表されないこと、予約患者たちがどのように処遇されたかということに、なぜ言及しないのか。あるいは、大阪医科大と関西医科大がパンク状態であり、新患を受け付けていないことに、なぜ触れないのか。

またNHK制作の番組では、「性同一性障害」と「LGBT」、合わせて九回の特集を組んでおきながら、国内の医療状況をトピックとして扱わない。スタジオには、GID正規医療とも関わりの深い、「名のある」医師も当事者も登場するのに、医療が話題にのぼらないのは余りに異常である。正規医療の場で尊厳を踏みにじられた当事者からしてみれば、地雷を踏まぬように「多様性」のポジティブさを煽りたてる光景は、ひたすらにおぞましいものだろう。

匿名であっても、語れる当事者はまだいい。正規ルートに乗り続けたゆえに、己の身体を質にとられ、沈黙を余儀なくされている当事者もいるのだ。後遺症に苦しめられている当事者も確実にいるのだ。特に正規医療に携わる医療者は、正規医療がなぜ正規医療と呼ばれるのか、己の胸に問うた方がよい。ガイドラインと、ジェンダークリニック／チーム医療ありきの正規医療である。それをやると挙手したのは医療側なのだから、挙手した以上は、責任を全うしなければならない。これは、組織ではなく、その中にいる医療者ひとりひとりに向けて述べている。

埼玉医科大学がGID正規医療に先鞭をつけたことは前述した通りだが、そこで乳房切除手術を受けた二十数人は、「非正規」の個人病院で修正手術を行っている。これは関西で美容整形外科を開業している医師から、修正手術前後の写真と共に説明を受けたものである（二〇〇八年）。当時、埼玉医科大が発表していた症例数[*3]に鑑みれば、全体のおよそ二割が修正を受けていたことになる。同様の手術を請け負う個人病院は他にも数件あるので、実数はもっと多くても不思議ではない。つまり埼玉医科大で手術を受けた患者は、執刀医や精神科医に対して「ここが気に入らない」、「ここを直してほしい」、「納得していない」とは言えず、黙って他の病院で修正を行った

＊3 「性同一性障害者に対する乳房切除術」『日形会誌』二十七巻による。

ことになる。正規医療の医師たちはその情報に触れることができず、満足度の指標も持っていないため、患者が不満を抱いていることを知り得ない。表面的な「成功」が積み重ねられていく。

筆者のもとには、正規医療に関する複数の体験談が寄せられている。この深刻な訴えを把握している者は、一体どこにいるのか。ジェンダークリニックの「チーム」の誰かが知っているのか。他の病院に症例を報告し、注意を喚起しているのか。正規医療と良好な関係を望む自助グループのメンバーには届いているのか。何も把握していないのであれば、専門機関として当然に知るべきことを知っていないということであり、「ＱＯＬの向上」はやはりお題目と断ずるほかない。もし知っていて黙殺しているのであれば、もはやそれは「医療犯罪」と呼ぶべき範疇ではないか。

実際に、正規医療で手術を行った際の経験談を紹介する（二〇〇八年半ば頃）。主旨はそのままに表現を調整し、具体的な言葉はぼかしてある。

（…）医者に勧められた術式で手術を行いました。（退院後に）傷跡がかなり目立つこと、場所によって見た目の違いが大きいことが疑問で仕方なかったです。諦めの気持ちもあったが、術後に執刀医の診察を受けた際の言葉が悔しくて忘れられません。「ああ、完全に●●になっちゃってるねえ」と言われました。医者が勧めた方法でやったにもかかわらず、ネガティブな内容を軽い感じに言われたのです。診察が終わった後も、「もうこっち（形成外科）は受診しなくて良いからねー」とだけ言われました。

深刻なミスではなかったかもしれないけど、手術をするからには納得できる仕上がりを得たかったです。友人や家族にも、見た目がおかしいのではないかと言われます。執刀医の言葉は、自分を軽く見られたように感じ、どうしても悔しかったです（…）。

これは典型的な事例だと思われる。形成外科医の言葉によって傷ついたものの、それを精神科医に報告することもできず、あ然とするしかなかったという。その後、修正手術を行ったかどうかまでは追えていないが、「納得できる仕上がり」を感じられないままに形成外科の受診を終了した（させられた）のは事実である。この体験談は、実際はもっと長い文章だった。切々とした訴えは本来、執刀医や精神科医、ジェンダークリニックの責任者に向けられるものである。生まれつきとは「逆の性」の生活基盤を構築している当事者の場合、誰かに相談したくても、ごく限られた範囲にしか事情を話せない。上半身の手術ならばまだしも、性器形成手術や何らかの後遺症がある場合、転院も難しい。リスクの高い患者だから受け入れを敬遠されるというより、稀少医療ゆえに、アフターフォロー可能な手技を持つ医師が少ないからである。その場合、当事者は、回復の時期や費用など不安要素が宙づりになった状態であっても、同じ病院に通い続けるしかないのだ。この状態でどうして、QOLなど判断できようか。そんな段階にはないのである。あまりの深刻さゆえ、紹介が憚られるようなメールを送ってきた当事者もいる。

「もうどうしていいのかわかりません。他にもたくさんいるんです。でもみんな言いたがりません」。

このようなひとびとは今、どのような生活を送っているだろうか。こうして活字にするまでには時間がかかってしまったが、言葉のひとつひとつを忘れたことはない。せめて身体だけでも回復がなされたか、あるいは、人生の彩りをどこかに見出していることを願っている。そして、制度や医療を日々呪いながら過ごさざるを得ない者がいることも、疑いようのない真実である。その人生も否定されるべきものではない。筆者が痛みを肩代わりすることはできないが、何があったか代弁することは可能かもしれない。放たれる言葉を聞き逃さないために、耳をそばだてていよう。

第四章では、これまでのテーマを総合的に振り返り、いわゆる「LGBT」と、トランスジェンダー当事者の試みについて言及する。

# 第四章　呰を去ることなかれ――繰り返し、忘れえぬ爪痕に抗して

## 一、はじめに

「ＬＧＢＴ」という語が「はやって」見えることについて、必ずしも良いとは思っていない。無論、意義は理解しているつもりだ。「性的マイノリティ」とだけ言うと、セクシュアリティによって注目度や扱いに差が出てしまう。その状況を可視化・批判するために、「ＬＧＢＴ」という言葉が選ばれてきた。先人の抵抗のひとつでもある。

しかし現在、「ＬＧＢＴ」を主語に何かを語ることには危険を感じる。象徴的だったのは先の衆院選である。「〇〇候補はＬＧＢＴフレンドリー（ＬＧＢＴに対して厚意的）だから応援しよう」などの呼びかけが、インターネットを通じて活動家からなされた。口幅ったいが、他の政策と切り離された状況で、「ＬＧＢＴフレンドリー」であることのみを理由に政治家や政党を選ぶことなどできない。また何らかの「性的マイノリティ」であっても、「ＬＧＢＴ枠に入れられる感じ」には馴染めないという者もいたであろう。ゆえに「ＬＧＢＴ」は、現時点でカギカッコを外して扱うことはできないと考える。

「LGBT」は、「多様性」の言葉を伴ってポジティブな印象を醸成する作用を持つが、希望の話ばかりはできない。「多様性」の中には狂気も絶望もある。この特集号も、その種の危惧を意識しているからこそ、「面倒くさい原稿」を必要としたのだろう。そのように解釈して、以下は「性同一性障害/性別違和」をとりまく医療、DSM―5（アメリカ精神医学会が定めた精神疾患分類）の主要な変化、「トランスジェンダー」の人生にまつわるいくつかのことについて書き進めていく。*1

## 二、「GID医療」の始まりと、現在まで

本題に入る前に、「LGBT」の「T」について触れておく。「T」は「トランスジェンダー」を指している。その説明として「出生時に割り振られたものと違う性別で生きている/生きたいと思っているひと。性同一性障害も含まれる」というような文章を目にしたことがあるだろう。日本ではごく近年まで、「トランスジェンダー」よりも「性同一性障害（GID/Gender Identity Disorder)」の知名度が高かった。いわゆる「心の性」と「身体の性」が食い違うのが「性同一性障害」であるという認識も普及している。ただ「出生時に割り振られた性別」で生きることに困難があっても、そう感じる全てのひとが「性同一性障害」と診断される/診断されたいわけではない。「性同一性障害も含まれる」という一文は、「トランスジェンダー」の歴史的背景が持つ意

味合いの広さを踏まえたものである。

「性同一性障害」は、世界保健機関（WHO）が定めた国際疾患分類ICD（International Classification of Diseases）や、アメリカ精神医学会が定めた精神疾患分類DSM（Diagnostic and Statistical Manual）において規定されてきた。日本では一九九六年に、埼玉医科大学倫理委員会が『性転換治療の臨床的研究』に関する審議経過と答申[*2]を発表、一九九七年に日本精神神経学会が「性同一性障害に関する答申と提言（ガイドライン初版）」を発表した。[*3]ここで「身体の性別を変えたい」という欲求は「性同一性障害」という疾病として位置づけられ、健康上の問題がない身体にメスをいれるという倫理的問題が回避された。これが「GID医療」である。ガイドラインに沿った日本初の公的な性別適合手術（SRS／Sex Reassignment Surgery）は、一九九八年に埼玉医科大学病院で行われた。

埼玉医科大以降、複数の大学病院でGID医療への取り組みが始まり、専門外来の「ジェンダークリニック」が設立された。その後いくらかの変動がありつつ、ここ三、四年のGID学会[*4]

＊1　本稿で紹介するデータは最新のものではない。英語のみで書かれたwebページの翻訳についても同様である。参考にする場合は留意されたい。

＊2　埼玉医科大学倫理委員会による『性転換治療の臨床的研究』に関する審議経過と答申」の全文は、埼玉医科大学のHPに掲載されていたが、現在削除されている。http://www.saitama-med.ac.jp/hospital/douitu.html

＊3　最新版である「性同一性障害に関する診断と治療のガイドライン第4版」は、日本精神神経学会のwebサイトに掲載されている。https://www.jspn.or.jp/modules/activity/index.php?content_id=84

研究大会で報告を行っているのは、埼玉医科大学病院・福岡大学病院・札幌医科大学病院・山梨大学病院・岡山大学病院・長崎大学病院などである。公式に性別適合手術まで行っている病院については、岡山大学病院・札幌医科大学病院・山梨大学病院・ナグモクリニック等が挙げられている。ガイドラインに沿ってカウンセリングを行う精神科も増加しており、「性同一性障害」に対応可能な医療機関は全国で百ヵ所近くにも上る。ジェンダークリニックを擁する大学病院で治療を受けることや、ガイドラインに則った精神科でカウンセリングを始めることは、当事者の間で「正規ルート」などと呼び習わされてきた。一方、個人病院や諸外国のルートは「非正規」や「闇」と呼ばれることが多い。正規医療を受診する必要がないと感じている当事者は、正規医療開始以降も「非正規」のルートでホルモン投与や手術を行っている。

ＧＩＤ医療の指針であるガイドラインは、「性同一性障害に関する診断と治療のガイドライン」として、第二版は二〇〇二年七月、第三版は二〇〇六年一月、最新の第四版は二〇一一年五月に発表されている。その過程において、カウンセリングからホルモン治療を経て外科手術へと向かうのが望ましいという方針から、現実的な患者の「多様性」に鑑みて、順序に縛られることなく必要な治療を行うアラカルト方式も許容されていった。

法制度に関する動きとしては、自民党が「性同一性障害」に関する勉強会を二〇〇〇年九月に発足し、二〇〇三年七月には戸籍上の性別を変更するための「性同一性障害者の性別の取扱いの特例に関する法律」（以下、特例法）が可決・成立、二〇〇四年に施行された。特例法については、同法の立法過程とその制度的限界（谷口2003）や、定められた要件がさらなる差別を再生産しかねないこと（田原2003）、本人が必要とする以上の手術へと当事者を差し向ける可能性（吉野2008b）、要件を満たさない人々が排除されない仕組みを構築する必要性（松嶋2012）など、多くの問題が指摘されている。

「GID医療」の中でこれまでに起こった主なトラブルについては、乳房切除手術の不備を問うものとして、大阪医科大学病院が提訴されている（二〇〇七年三月）。裁判では、インフォームド・コンセントの不徹底や術後管理、執刀医の手技、ジェンダークリニックの連携不足などが争われた。その結果、被告側病院が一部説明義務違反を認め、和解条項を公開の上で和解が成立した（二〇一〇年三月）。また二〇〇七年四月には、埼玉医科大学病院がジェンダークリニックの休止を発表した。その発表は突然のことであり、予約待ちをしていた三十人以上がキャンセルとなったため、休止の理由や患者の受け皿について混乱が発生した。

一方で、性別適合手術（SRS）にまつわるトラブルを防ぐための動きもある。二〇一二年五

＊4 GID学会の会則によれば、同会の目的には「性同一性障害に関する研究の推進、知識の向上につとめるとともに、会員相互の親睦、交流をはかること」があり、「その目的を達成するために、研究大会の開催、関連学術団体との連絡、その他必要な事業を行」っている。http://www.okayama-u.ac.jp/user/jsgid/JSGID%20kaisoku%20110606.pdf

月、東京の「湊川クリニック」で乳房切除手術を受けたＦＴＭ（Female to Male）当事者が死亡した事件[*5]も踏まえて、二〇一四年にガイドラインの一部が見直された。具体的には、ＳＲＳは「麻酔科医が麻酔を担当する、入院対応が可能である、など周術期管理ができることが望ましい」とされ、乳房切除手術は「麻酔科医が麻酔を担当し、入院可能な医療機関にて行われるべき」と改訂された。[*6]報道発表によれば、「手術をできる施設は国内でもともと少なく、改訂でさらに限られてしまうが安全な医療を提供することを優先した」ため、改訂後の指針でＳＲＳを実施しうるのは、札幌医科大学病院、山梨大学病院、岡山大学病院などに限られている。[*7]

これは個人病院での死亡事故がひとつの契機となった対応であったが、「麻酔科医が麻酔を担当する、入院対応が可能である、など周術期管理ができる」施設であるところの（あるところでしかない）正規医療でも、望ましくない経過・結果は存在している。それらのデータは「日本性同一性障害と共に生きる人々の会」の調査[*8]や、ＧＩＤ学会大会でも報告されているが、当事者の生身の「言い分」はカバーしきれていない。「安全な医療」を実質化するためには、それらを考慮に入れないわけにはいかない。詳しくは後述する。

## 三、執拗に指摘するということ

外科的処置に緊急性がなく、さらに身体への侵襲性が高いという点で、ＧＩＤ医療の目的は

「当事者の満足度」をいかに高められるか、という点のみに集約される。それは多くの場合、「QOLの向上」という言葉で表わされている。ガイドラインには「(…)身体的治療の施行後においても継続的に面接を行い、精神的サポートと新しい生活におけるQOLの向上に向けて援助する」ことや、「新しい生活におけるQOLを向上させる上で残されている問題について、どのような解決方法があるかを詳細に検討し、よりよい適応の仕方を探る」*9ことが明記されている。また長くジェンダークリニックに関わる精神科医も、「(…)個々のケースにおいて医療が提供できる方法を提示して、その時点での問題点を改善することになる。したがって、性同一性障害の治療はQOLを高めるために行うものであること、どのようにすればQOLが高まるのかを一緒に考えていく姿勢が重要である」(康 2007)と述べる。

*5 二〇一二年五月、東京・歌舞伎町の「湊川クリニック」で、乳房切除手術を受けたFTM当事者が死亡した。のちに診療所は、新宿区保健所の立ち入り検査で衛生状態に問題があると指導を受け、同年十月に診療所を廃止している。

*6 「性同一性障害に関する診断と治療のガイドライン(第4版)」一部改訂のお知らせ https://www.jspn.or.jp/modules/activity/index.php?content_id=85 (二〇一五年八月三十一日アクセス)。

*7 『47NEWS』二〇一四年五月三十一日付。「性別適合手術、病院を限定 安全優先、学会が指針改訂」http://www.47news.jp/CN/201405/CN2014053001002133.html

*8 『Anno Job Log』二〇一三年七月十三日付。［ニュース］後遺症や再施術必要が15% 性別適合手術、7割は「満足」http://d.hatena.ne.jp/annojo/20130710

*9 性同一性障害に関する診断と治療のガイドライン(第4版)参照。

かつて、正規医療を受診したことのある当事者にヒアリング調査を行い、当事者側が想定する「ＱＯＬ」と、医療側が想定する「ＱＯＬ」に齟齬がある可能性を述べた。ジェンダークリニックではＱＯＬ調査の実施自体が少なく、行われている場合でも、アレルギー性鼻炎や骨粗しょう症などの際にも使われる汎用性の高い指標（SF-36）を用いているため、有用性には疑問がある。また何らかの外科医療を施した場合には、追跡調査がさらに重要になるのではないかとも指摘した（吉野 2010）。それから約五年が経過したが、ＧＩＤ医療に特化したＱＯＬ指標は作成されておらず、統一的な追跡調査も行われていない様子である。[*10] 網羅することは不可能であっても、せめて傾向を把握できる程度に、要望や感想を記録できないものか。

そのような中、ようやくではあるが、二〇一五年三月には学会による医師の認定制度の創設が発表された。

「性同一性障害の専門医育成　トラブル防止へ学会が認定制度創設」

心と体の性が一致しない「性同一性障害（ＧＩＤ）」の専門知識を持つ医師を養成するため、ＧＩＤ学会が専門医の認定制度を創設することが21日、関係者への取材で分かった。（…）医療の質を高めてトラブルを防ぎ、適合手術の保険適用を目指す初の制度で（…）同学会によると、現在は性別適合手術に保険適用が認められておらず、費用の安いタイなど海外の病院や設備の乏しい国内のクリニックなどで手術を受ける人も多く、術後の後遺症などトラブルにつながるケースもある。また医師側にとっても、失敗のリスクを懸念し、これまで裾野が広がらなかった。（…）関係者によると、認定を受けるには、ＧＩＤに関する論文や講演など具体的な業績があることが条件。その上で数回の研修を実施し、ホルモン療法や手術など医療面での専門知識を習得するほか、ＧＩＤの子どもの学校生活の送り方や地域での支援態勢の在り方についても身に付けてもらう。（…）理事長の中塚幹也岡山大教授は「しっかりとした医師が適切な治療をするというシステムができれば、保険適用にもつながる」と話す。[*11]

記事を読む限り、場合によっては医療の関わりが長期化し、当事者の変化も以前よりは把握できるのかもしれない。また、どのような動機で手術を受けるにしても、医療の質の向上は当事者のＱＯＬも向上させるはずである。ただ手術について言えば、「費用の安いタイなど海外の病院や設備の乏しい国内のクリニック」だけに懸念があるわけではない。正規医療でも「トラブル」は起こっているにもかかわらず、その詳細については、当時を知る者の間で都市伝説のように語

＊10　例えば針間（2012）は、性別違和を訴える者の三年後の臨床経過について報告しているが、カルテの記録による以外の追跡調査は特に行っていない。正岡ほか（2012）では、ＦＴＭを対象とした声の満足度を調査する際、評価には7件法を用いている。
＊11　『産経WEST』二〇一五年三月二十二日「性同一性障害の専門医育成　トラブル防止へ」http://www.sankei.com/west/news/150322/wst1503220020-n1.html

られるのみだ（もちろん、正規医療に満足している当事者の存在を否定するものではない）。そればかりか、「覚悟の足りない当事者も悪い」という言説によって医療批判が回避され、異議申し立てが妨害されることもあった。医療改善のスタート地点を定めるためには、医療側が正規医療の水準をどう自己評価しているか明確である方が望ましいし、医療を受ける（受けた）側と認識を擦り合わせることも必要なはずである。

過去に、正規医療について疑問を感じたという当事者に聞き取りを行ったことがある。また、様々な理由で沈黙を余儀なくされた「正規医療の患者」から、複数の連絡を受けとったこともある。各々が抱える「問題」の度合いは異なるが、どれも感情的な様子はまったく見受けられなかった。何らかの手術を行い、予後がはかばかしくなかった場合でも、結果そのものや医師の手技を直接的には責めていないのである。大きなショックとして語られていたのは、（技術も含まれはするが）医療者の対応や言動であった。しかし、これらの思いが医師に届くことはない。医師と患者の関係性ゆえに言い難い面もあるし、何より簡単に転院できない希少医療であるため、患者の立場からの「抗議」は最小限にせざるを得ないという判断がはたらくのだ。

抗議や不満を言い出しにくい体制のため、せっかく手術を受けたものを、さらに自費で修正している場合もある。すなわち、その分の「感想」は正規医療に還元されていないということであって、医師はより正確な当事者の満足度やＱＯＬ向上の有無を知ることができないのである。

もう一点の重要なこととして、医療の質や制度改善に伴って、殊にSRSが引き金となった健康問題にも積極的に対応することが望まれる。なぜなら、戸籍上の性別を変更する「特例法」の要件を満たすために、個人として望んでいた以上の手術を受けた者が健康を失った場合、それは「国策」が生んだ被害者として捉える方が正確であるからだ。自分自身の快適さではなく、法を優先した身体を選ばざるを得なかった「副作用」であるため、ケアを受ける正当性と妥当性については、より強く主張されてよい（手術の内容や動機にかかわらず、ケアの充実が求められるのは言うまでもない）。

現に、「FTM 戸籍と引き換えに健康を失いました」というタイトルのブログが存在する。[*12] このブログはもともと、女性として生まれた書き手が、男性としての「パス」——完全に望む性として社会生活を送ること——を目指す内容であった。手術と戸籍性別変更を終えて「普通の男」として生活していた書き手は、手術から数年が経過して突如、体調が急激に悪化したという。子宮と卵巣を摘出したことによる更年期障害と、うつ病を発症したのである。それ以降ブログのタイトルは変更され、書き手は繰り返し記述する。「戸籍を変えても、体が健康だとは限らないですからね」。

特例法は、極めて難易度の高い手術を自費で行うことを課し、身体のあり方を限定するだけで

＊12 「FTM 戸籍と引き換えに健康を失いました」http://ameblo.jp/ftmpass100/

なく、手術を行ったルートによってはアフターフォローも期待できないという状態の当事者を生みだした。命をかけさせる制度である。法案成立の前後には「子どもがいないこと」の要件が取り沙汰されることが多かったが、「生殖腺廃絶」に関しても、実質的に断種を迫る差別的な要件と言える。WHOや世界トランスジェンダー健康専門協会（World Professional Association for Transgender Health）も、「性別変更における手術要件は人権侵害である」という見解を示してきた。二〇一五年三月に開催されたGID学会第十七回研究大会で「トランスジェンダーの健康と権利」と題したシンポジウムが行われたことは、ひとつの応答とも考えられる。古参の精神科医は「特例法の手術要件は人権侵害である、という主張が明確[*13]」であったと感想を述べており、議論の実質化が待たれるところだ。

このように日本では、医療と法制度が当事者に対して絶大な力を示している。そのあたりの桎梏の解消、あるいはそれを下支えしてきた認識を改めるきっかけとして、次に紹介する「DSM—5」が示唆を与えてくれるかもしれない。

## 四、DSM—5の変化は福音となるか

「性同一性障害」については、アメリカ精神医学会による精神疾患分類DSM（Diagnostic and Statistical Manual）と、WHOによる国際疾患分類ICD（International Classification of Diseases）に記述さ

れている。内容はそれぞれ少しずつ異なるが、日本の精神神経学会が作成している「性同一性障害に関する診断と治療のガイドライン」は、ＤＳＭとＩＣＤを踏まえて定期的な検討が行われてきた。

文中ではここまで「性同一性障害」という診断名を使用してきたが、二〇一三年に改訂されたＤＳＭ―５において、「性同一性障害（Gender Identity Disorder）」という名称は消滅し、「性別違和（Gender Dysphoria）」という診断名に変更されている。ＤＳＭ―Ⅳ―ＴＲからＤＳＭ―５への変更点について、特に本稿と関連するものを挙げてみたい。

松永は、「性別違和（Gender Dysphoria）は、指定されたジェンダーと、その人が体験するジェンダー、または表出するジェンダー（男女に限定されない）とのあいだの不一致を特徴とする診断概念である」（松永 2014）としている。

生物学的要因だけでは捉えきれない性のあり方を前提に、これまで「sex」（「性」）とされていた部分は、概ね「gender」（「ジェンダー」）に変更されており、「反対の性への同一感」よりも当人の「ジェンダーの不一致」としての苦痛が重視されるようになった。これまでは「the other sex」

＊13 『Anno Job Log』二〇一五年三月二十二日付。「[学会] ＧＩＤ学会第17回研究大会2」 http://d.hatena.ne.jp/annojo/20150322

（反対の性）という定義により「女か男」という二極を形成してしまっていたものが、「some alternative gender」（「異なる別のジェンダー」）という言葉が加えられたことで、「性別」を二元的に切り分けていないことがわかる。[*14]

「反対の性への同一感」は、従来の日本のガイドラインでも長らく強調されており、誰かを晒しものにするときの材料にもなった。「反対の性への同一感」が足りないと勝手に「認定」したうえで、「手術したいと言っている割には、女（あるいは男）に見える努力をしていない」、「一度は生まれつきの性で就職（あるいは結婚や子育て）ができたのだから、今さら性別を変えたいと思うのはおかしい」とバッシングするなど、当事者同士の相剋にも繋がっていたのである。「反対の性への同一感」が、いかに強く長く続いているか強調することは、正規医療から診断を得るためのポイントであるとも考えられていた。松永（2014）はこれを「ＤＳＭ―Ⅳ（ＤＳＭ―Ⅳ―ＴＲ）における性同一性障害の中核的概念」であったとし、「ＤＳＭ―５では、性別違和の概念はこれよりも記述的で、当事者が抱える問題に焦点を当てたものとなっている」と説明する。

また、性別違和の診断において「性的な興味を抱く相手の性別（性指向）」の項目は全て削除された。その理由については、「性指向が臨床上問題となることが少ないことに加え、治療後に性指向が変化することがしばしば認められるためである。また、身体的治療が承認されやすくするために、当事者が虚偽の申告をする場合が少なくなかったことも理由」（松永 2014）とされている。そもそも専門外来であるはずのジェンダークリニックでも、担当医が性指向を理解していないケースもある。FTM（Female to Male）当事者がジェンダークリニックを受診した際、「彼女くらい作りなよ、他のFTMの人は活発だよ」などと医師から「アドバイス」されて面食らったことがあるという。医師は、いわゆる「心の性」が男であれば「女性」に恋愛感情を持つはずという、異性愛の当事者しか想定していなかったということである。

近い将来、「性同一性障害（Gender Identity Disorder）」という診断名は使用されなくなるが[*15]、日本の診断現場で「性別違和」の基準がどう使われるかはまちまちであろう。日本では「性同一性障害」という言葉が非常に有名であるため、一般的には当面「性同一性障害」で通じるであろうし、そう名乗るひともいるだろう。善し悪しの話ではない。自分の性をどうしたいか、どこをどのように、どの程度変えたいかというニーズや身体への感覚は各々で異なるものであり、ひとつの

＊14　具体的には、診断基準項目として、DSM―Ⅳ―TRでは「反対の性に対する強く持続的な同一感」、「反対の性になりたいという欲求、または自分の性が反対であるという主張を繰り返し述べる」となっていたものが、DSM―5では「その人が体験し、または表出するジェンダーと、指定されたジェンダーとの間の著しい不一致」、「反対のジェンダーになりたいという強い欲求、または自分は違うジェンダー（または指定されたジェンダーとは異なる別のジェンダー）であるという主張」となっている。

＊15　ICD10（二〇〇三年改定）においては「性同一性障害」は診断名ではなく、性転換症や両性役割服装倒錯症などを含む大枠の名称として記述されていた。二〇一七年に改定が予定されるICD11において、「性同一性障害」の名称はなくなり、代わりに「Gender Incongruence」（性別不一致）になるだろうとされている。

「病理」として囲い込むのには無理があった。そして医療の現場においても、「用意された枠に収まることができない」という表明がなされてきた。それに沿う形で「Gender Dysphoria」への変化が生じたように、あくまで現実に即して、制度が当事者に合わせねばならない。当事者が制度に合わせることで起こる不利益については、既に述べた通りである。

重要なのは、この「性別違和（Gender Dysphoria）」に、「重度」や「軽度」などの価値判断を持ち込まないことだと考える。かつて「性同一性障害」については、身体への嫌悪感が強く、身体を変えることに積極的であるほど「本物」、「本気」であるというような言説が生み出されてきた。だが本来は、周囲からどのように見えようと、本人が立ち位置を明示している場合には、基本的にその名乗りを尊重しきるべきである。[*16] そのような態度を身につけるためには、未だにメディアでも目にしがちな「性転換をしたひと」、「実はむかし女／男だったひと」の枠内では説明できない存在が、社会で可視化される必要がある。

なおこれ以降は、「性同一性障害」や「性別違和」にだけフォーカスするのではなく、広い意味で「トランスジェンダー」の語を使用する。

## 五、追いついてくるまで走り続ける

かつて「ＧＩＤ規範」という言葉をつくり、提起したことがある（吉野 2008b）。「性同一性障害

（ＧＩＤ）」と診断され、生活していくことに伴う不自由や重圧は、既に「望ましいＧＩＤ当事者」の姿が規範として登場しているからではないかと問うたものであり、幸いにして多くの方に受けとめられた。

「ＧＩＤ規範」の語と同時に持ち出されている話題は、外見に関するものであることが多い。特に、いわゆるＭＴＦ（Male to Female）と呼ばれる層の葛藤が見てとれる。いくつかの意見をまとめると、「たしかに『ＧＩＤ規範』を感じるし、なくなってほしいと思う。しかし女性として通用しない自分がそれを言うより、規範をクリアできている綺麗なタレントさんが言った方が、みんな聞くのだろう」というような内容になる。いちいち「女装者なのでは」と思われたり、勝手に美醜を判断されたりする規範の存在は嫌だ。しかし異議申し立てをする場合には、結局「女性よりもキレイ」と言われるような（要は性別二元論の社会を脅かさない）、規範に沿った当事者の発言が聞き入れられるだろうという、皮肉な状況に自覚的である。

女性として生まれたひとが「男装」をしても、それを好奇の眼差しで見られることは少ない。ファッションの分野が幅広いからである。ＭＴＦの場合、そう簡単ではない。女性ホルモンを投

＊16　例えば、ＧＩＤについての単著もある鶴田幸恵（千葉大学准教授）が、『差別と排除の［いま］第6巻　セクシュアリティの多様性と排除』（明石書店叢書シリーズ）の中で、「性同一性障害に帰属感を持たない」と公言している筆者を、繰り返し「性同一性障害当事者」として扱ったようなケースもある。

与しても、骨格が変わったり変声期前の声に戻ったりすることはない。だが持って生まれた条件で、変えられるものと変えられないものがあるのは当然のことである。身長、体格、声のトーン、肌質や髪質……重箱の隅つつきに反応していては、それだけで一生が終わってしまう。どこかで踏ん切りをつけないと、新たな生活を始めることはできない。ただ、「オカマ状態のまま出歩かれたら公害」、「タイなどで手術済みで『ゲエッー（吐き気）』という感じの人がいる」等と放言する個人病院の医師が存在する始末であるから、[*17] トランスフォビア（嫌悪）や差別の中で、簡単に踏ん切りがついてたまるか、と思うことがあっても何ら不思議ではない。

ここまでMTF固有の困難をいくつか示したが、ある程度の「有名人」にしては珍しく、性別の移行過程を見せていく道を選んだ者がいる。アメリカのパンクバンド「Against Me!」のボーカル、ローラ・ジェーン・グレイス（Laura Jane Grace）は、二〇一二年まではトム・ゲイブル（Tom Gable）として活動していた。ローラが初めて「性別違和」のようなものを認識したのは五歳のときで、テレビで歌手のマドンナを観て「これが自分なんだ」と感じたという。そのうち明確に「女性の身体が欲しい、女性になりたい」と思うようになった。当時はインターネットもなく、自分は性的倒錯者か、何か異常なフェティシズムがあるのではないか、と思ったという。その気持ちを処理できる唯一の方法は、隠れて女性の服を着ることであり、自分の女性的な表象を鏡で見ることによって落ち着くことができた。少しの間、自分はゲイではないかと思ったこともあったが、性的な魅力を感じる相手はいつも女性だった。学校ではいじめを受け、酒やドラッグに手を出すようになっていた。

中学生になったローラは、パンクロックと出会う。その「抵抗する」という思想に惹かれたローラは、ひとりアコースティックギターを持ち、「Against Me!」を始めた。十八歳のときフルバンドとして「Against Me!」の活動を開始し、二十五歳の二〇〇六年にはメジャーレーベルと契約した。そして、ほとんどの時間をバンド関係者の「男」たちと一緒に過ごすというツアー生活が始まるときに、「男」としてやっていくことを決めた。やがてツアー中に知り合った女性と恋仲になり、結婚する。しかし二〇〇九年頃には、強い「性別違和」の感覚が戻り始めた。妻が妊娠したことや、メジャーレーベルでの不快な経験もストレスとなり、酒とドラッグに溺れた。作詞をするための旅を始めたが何も書けず、ホテルには女性の格好でチェックインしていた。そして三十歳にして、「もう性別移行するしかない」という認識に至った。[*18]

医学的に「健康」な男性である状態から性別移行の過程を公開するという試みは、ラディカルなパフォーマンスとして行われそうなことだが、ローラの意図は違うようだ。簡単なインタビューからでも「女性」として扱われたい気持ちの強さをうかがうことができるし、長くロッ

＊17 「ヤスミクリニック院長 木村知史 オフィシャルブログ」二〇一一年七月十日付。http://www.dr-kimura.com/blog/srs-passdo/

ク・ミュージシャンをやってきたことで「(女性やトランスジェンダーと認識される前に) ロッカーとして見られてしまう」ことにも複雑な気持ちを持っている。他者の眼差しを受けるときは、「女性として通用したい」という願いと、「単純に自分を自分としてそのまま受け入れてほしい」という気持ちの間で、はっきりとした緊張を感じるという。

二〇一四年、「Against Me!」は『Transgender Dysphoria Blues』というアルバムを自身のレーベルからリリースした。トランスジェンダーのことを主題とした曲の一部として、「Transgender Dysphoria Blues」と「True Trans Soul Rebel」が収録されている。肩幅の広さによって己の「出自」を突きつけられる気持ち、生まれつきの女性と同じように扱って欲しくても「オカマ」としかみなされない現実についての感情、状況が違ったら「妻」や「母」になっていたかもしれないという、捨てることのできない願望。これらは、「男性として生まれたが女性として生きたいと思っている人」の、判りやすい例にも見える。ローラには、ある程度の性別移行が進むまで「潜伏」するという選択肢もあったはずだが、そうしなかった。二〇一五年現在のローラは、ウエーブのかかった長い髪、黒で統一したタイトなパンツスタイルでステージに現われる。女性ホルモンを投与しているため顔つきがやや変わったようにも見えるが、声は発声方法を変えずカミングアウトの前と同様、つまり「男声」に聞こえる。本人は、その声で歌うことが好きだという。ここでローラは、女性として生きたいという明確な方向性と同時に、まるでそれを疑わせるかのような「ズレ」——この場合は「明らかな男声で歌うこと」——を、誰もが認識できる形で共存させている。さらにローラは、早い段階で「娘にとっての父親であり続けたい」と決意し、インタビューでもその気持ちを表明している。*19

もともとパンク・シーンで過ごしてきたローラにとって、「ジェンダーロールをぶっ壊す」というポリティクスは身近なものであったが、トランスジェンダーの友人や知人は一人もいなかった。「男声の女性シンガー」や「女性のパパ」という実存を獲得できたのは、カミングアウト後に、ジェンダーやセクシュアリティの領域を横断する様々な人と出会ったことが大きい。より幅広い性別移行のあり方や、困難を解決する各々の方法を知ることで、驚きと心強さを感じたという。

ローラは「True Trans」という言葉を、自ら制作に携わるドキュメンタリーのシリーズや、歌

＊18 『Rolling Stone』May 31, 2012
「The Secret Life of Transgender Rocker Tom Gabel」
http://www.rollingstone.com/music/news/the-secret-life-of-transgender-rocker-tom-gabel-20120531?page=3
『The Quietus』March 26, 2014
「The Body Is Not Gender: Laura Jane Grace Of Against Me! Interviewed」
『Phawker』September 11, 2014「ABOUT A GIRL: The Complete Magnet Magazine Q&A With Against Me!'s Laura Jane Grace」
http://thequietus.com/articles/14834-against-me-laura-jane-grace-interview
これらのwebサイト等を参考に、以降のローラの語りも紹介する。

＊19 「妻子に対する責任」のようなエピソードには今回は詳しく触れないが、子どもと向き合い、親として関わり続ける意志は何度も語っている。妻はカミングアウトを受けて性別移行の選択を尊重していたが、ローラに著しい体調不良と抑うつ状態が起こったため、距離を置くことになったようだ。

のタイトルの一部に掲げている。これは、医学的な定義と一致するのが本物のトランスだ、という意味ではない。性別移行の表現や方法は千差万別であり、ひとりひとり異なるその姿こそ「真実」であるということだ。個人的な折り合いについては長い道のりの途中である、とも述べるローラは、トランスジェンダーに関する作品や描写がメディアに増えることを歓迎している。そして、「トランスに関することが文化の一部になるとき、センセーショナルな様相は消えて、一般的に認識されることになる」、「ジェンダーとセクシュアリティの広い領域は、人間の経験上にいつも、これからも存在し続ける。そのことについて、広く『教育』しないとね」と話す。

これまでも何度か書いたことではあるが、性別の「移行期」だと示すことのできるひとが、往来を「普通」に歩くことに筆者は価値を感じている。便宜的に「移行期」という言葉を使ったが、一般的な認識では「途中」の身体のまま生きたいひともいるし、「完全な移行」、つまり何らかの性に埋没することを望んでいても、そう扱われないひともいる。ローラのようにスタート地点から変化を公開していくことは、多くのトランスジェンダーの分布をカバーすることでもあるだろう。その変化を見ることによって、身体について「こんなに変わるんだ」あるいは「ここが限界なのか」という感想が生まれるであろうし、「実現不可能なことについてケチをつけていたんだな」と省みる者もあるかもしれない。もしくは「中身は変わらないのだ」と深く納得するかもしれない。

「教育すること」に近い概念として、「慣れる」というものもある。性別を判断しかねる、わからない人間がいることについて「慣れる」。「男装者」や「女装者」かもしれないひとに「慣れる」。すれちがったひとの性別をいちいち訝しく思ったり、はっきりした答えが欲しいと思ったりする必要はないのである。もちろん、衣類の下がどうなっているのかと詮索することも無用だ。それぞれ違う事情があるだけの話なのだから。慣れろ、と言うのは決して暴力的な意味合いではない。「慣れる」過程にある者の価値観に無理やり介入しようとか、「慣れる」ために今すぐ多くの知識を身につけろと促しているわけでもない。

「いくつかの音源を出していたりすると、当然インタビューされることになる。そんなとき、何かリアルな話ができたら、『パンクとは何か?』なんてことについて話すより、とても有益なこと。けど、すべてのことがわかっているわけじゃない、ということは強調するようにしてる。セラピストの言葉を借りれば、ガンと診断されたからといってガンの専門家になったわけじゃない。私はジェンダーの専門家じゃない。性別移行の専門家でもない。何とかしながら進んでいるだけ」。

ローラは語る。自分自身が、進みながら判っていくこと。模索するその姿で、周囲を慣れさせていくこと。ひとりのトランスジェンダーが掴みつつある、生存の方法である。

## 六、おわりに

「LGBT」特集号でありながら、内容が「T」のごく一部にとどまったことについては、書き手ながら不満を感じている。だが日本の場合、医療的文脈を背景に「トランスジェンダー」が認知されていったことも確かであるので、今日までの流れを確認することは避けられない作業でもある。医療や制度は、できうる限り伴走してほしいものであるが、現に生きている当事者は走り続けざるを得ない。その結果しばしば何かを捨て、置き去りにもしてきただろう。「合意形成」「誠実さ」「丁寧な議論」あたりを挙げておけばよいだろうか。

率直に述べて、「LGBT」（と、この括りに含まれるトランスジェンダー）が本当に「はやり」であり、人権問題の一つとして「便利」な言葉になってしまうのであれば、そこに展望を持つことは難しい。歩む度に足許が埋まっていくような、砂地での後退戦である。ただ今回は、「典型的」な部分を持ちつつ、相反するように見える人生の望みも同時に選びとっていくトランスジェンダーの姿も紹介した。受けとめ方によってはヒントになるだろう。

しばらく膝を屈して失意にくれることがあっても、再び立ち上がり、戻って来られるための「きっかけ」だけは確保しておくこと。それが現時点で筆者に可能な、最低限の「仕事」である。

（二〇一五年）

# 第四章補論

「砦を去ることなかれ――繰り返し、忘れえぬ爪痕に抗して」は、『現代思想』誌からの依頼を受けて執筆し、二〇一五年十月の「LGBT」特集号に掲載された。これまでの言説をまとめつつ、二〇一三年に提出した博士論文も踏まえた内容となっている。砂漠のような心象風景で本論が結ばれているのは、「LGBT」という語が広まっていることへの困惑が反映されたものであった。困惑しつつも、砦――自ら経験したことを手放さずに考え続けたいと思ってタイトルを決めた。

その気持ちは、「LGBT」のブームが続く現在、一層強まっている。*1 この語が抱える問題として指摘されていることはいくつもあるが、まずはその存在が混同されてしまうことである。例えば、丸井グループでは二〇一七年から「LGBT」の就活生や社会人に向けたスーツ選びのイベントを開催しているが、報道を見る限り、実質的にはほぼトランスジェンダーに向けたものである。また「LGBT」が登場するとされる映画が実際にはゲイムービーであったり、数少ないレズビアン映画が「LGBT映画」と紹介されることで焦点がぼやけてしまったりする例も目にする。

特に注意する必要があるのは、「ＬＧＢＴ」と同列にすることで、持っている条件が同じだと誤解されてしまうことだ。とりわけ人種、民族、所得差、障害については深刻である。[*2] わかりやすい例を挙げれば、日本国籍を持つゲイ男性で正規雇用されている人と、外国籍のトランスジェンダーで非正規雇用の人では、生活の余裕が全く異なる。個別の事情やカムアウトしているか否かなどの条件で違いはあるにしても、トランスジェンダーは性別移行に伴って就労困難な時期があり、身体改変やその維持に関わる出費も大きい点は見逃せない。ごく単純に男女の賃金格差だけを考えても、ゲイカップルとレズビアンカップルの生活傾向に差が出やすいことは想像できるだろう。また、「性同一性障害」であることを理由に内定を取り消されたとして裁判に発展した事例もあり、[*3] 同じような目に遭ったが泣き寝入りせざるを得なかったというケースは、実際に筆者も複数見聞きしている。性的マイノリティであることに加えて何らかの障害を持ち、ダブルマイノリティ、トリプルマイノリティと呼ばれる場合は、生存のために多大な努力を迫られる。こうした個別の事情を考慮せず、「ＬＧＢＴの権利が認められつつある」というような論調だけが進むと、必ず取り残される者が出てくるのだ。

「ＬＧＢＴ」だけでなく、「ＬＧＢＴＩ」や「ＬＧＢＴＱ」という単語を目にしたこともあるかもしれない。[*4] 前者の「Ｉ」、インターセックスについては、注意深い態度が必要である。医学的には「性分化疾患」という用語が相当し、性に関する身体の発達が先天的に非定型的である状態を示す。インターセックスという言葉には、いまだに「身体が女性でも男性でもない」、「両性具有」、「中性」などのイメージが付きまとう。だが今日では遺伝子検査が進歩したことによって、生物学的な性別は出生時に判明する場合がほとんどだという。また当事者の大多数は性自認に混乱がなく、女性あるいは男性であるという自覚を持っている（そうではない場合もある）。当事者団体[*5]の発信を踏まえれば、身体の性の様々な発達、「ＤＳＤｓ」（Differences of Sex Development）と呼ぶのが適切であろう。性的マイノリティの中にＤＳＤｓを持つ人々がいるのではなく、ＤＳＤｓを持つ人々の中にも性的マイノリティがいると考えると理解しやすい。なお、性別二元論を批判したいがために、一見すると性別が判断しづらい状況で生まれてくるＤＳＤｓの事例を利用することは許されない。他者は道具ではないのだ。

「ＬＧＢＴＱ」の「Ｑ」は、クィアという意味である。クィアとは、性的な規範や制度から逸

＊1　「ＬＧＢＴ」という語によって存在が社会的に認知されること、この言葉と出会うことで自分を理解する助けになることなど、意義はもちろんある。
＊2　社会的にマイノリティの要素、差別される要素が複合的に重なることを「インターセクショナリティ」と呼ぶ。藤高（2020）などを参照。
＊3　毎日新聞二〇〇八年二月十三日配信。「〈性同一性障害〉「就職内定取り消しは違法」と損賠提訴」
＊4　ここに、アセクシュアルの「Ａ」が加わることもある。アセクシュアルとは性的な欲望を抱かない人々。個人によって、性的なことに一切関心がない・手をつなぐことはできる・恋愛の空想は好きなど、内実は様々である。性愛の存在が当然という価値観によって抑圧を感じることが多い。恋愛感情を持たないアロマンティックもある。
＊5　ネクスＤＳＤジャパン。日本性分化疾患患者家族会連絡会。世界のＤＳＤサポートグループと連携し、その情報を日本に向けて翻訳・発信するプロジェクト。https://www.nexdsd.com/

脱する存在や態度と言える。日本語では「変態」と訳される場合もあり、既存の価値観に対するラディカルな立場を表わしている。規範を問うたり、制度からはみ出したりすることに意義を見出すならば、どんなセクシュアリティもクィアと併存しうる（自ら選択しなくとも、その存在が規範や制度の埒外ということもあるだろう）。ある事物にクィア的な解釈を加えたり、ねじ曲げたりすることを試みるときは、「○○をクィアする」という表現も使われる。

シスジェンダー（性別を移行しない人）やヘテロセクシズムが中心となりがちなドラマを「クィアする」作品としては、例えばLana Wachowski（ラナ・ウォシャウスキー）と、Lilly Wachowski（リリー・ウォシャウスキー）によるドラマシリーズ『センス8』がある。[*6] 人種・性別・性的指向・職業・宗教・経済状況、その全てが異なる八人の登場人物が、ある日突然、時間や場所を超えて感覚を共有してしまうというストーリーだ。性愛に重きを置きすぎているという点は批判すべきだが、他者を慮ること、痛みを知ることについて描かれている。リリーは、自らの性別移行について公表する際に出した声明の中で、ホセ・エステバン・ムニョス[*7]の言葉を紹介している。「クィアネスとは本質的に、今ここにあることへの拒絶であり、まだ見ぬ世界の可能性を主張することである」。また、映像製作者であるJules Rosskam（ジュールズ・ロスカム）[*8]の作品も参考になるだろう。性表現は男性的だが、自らを女性／男性には当てはめず、クィアだと認識している。その作風は、FTMやFTXのトランスジェンダーに寄り添い、フェミニズムの視点を持つという特徴がある。作品には、トランスジェンダーに限らずシスジェンダーも登場するし、年齢、性的指向、人種、職業もバラバラである。黒人女性が往年のレズビアン事情を語る姿、若き白人のトランスジェンダーがホルモン投与を語る姿、フェミニズムについて議論しあうグループの姿を、ひとつのフィルムの中で見ることができる。思いがけないほど「雑多」な人々が、クィアという拠りどころで交差しあう。その光景は、社会で幅をきかせている規範や制度が、現実を生きる人々にとっていかに抑圧的なものであるかを痛感させられる。

本論では、二〇一五年当時の「性同一性障害／GID」医療の状況についても言及している。DSM（アメリカの診断基準）や、ICD（WHOの指針）がどう展開したかについては、第二章補論に記述した通りである。現在、GIDという診断名はなくなった。代わりに出てきた診断名には、今のところ「性別違和」や「性別不合」という訳があてられている。診断名について統一的

＊6　ラナ・ウォシャウスキー、リリー・ウォシャウスキーは映画監督、プロデューサー、脚本家。作品に『マトリックス』、『Vフォー・ヴェンデッタ』、『クラウドアトラス』など。『センス8』はNetflixにて視聴可能（シーズン2からはラナのみ監督）だが、性的なシーンを見たくない人は注意。
＊7　ホセ・エステバン・ムニョスはクィア理論家。井芹（2017）を参照。
＊8　ジュールズ・ロスカムは映像製作者、アーティスト、教育者。トランスジェンダーをテーマに映像を撮り始め、人種差別や自らの受けた虐待についても描く。日本では、関西クィア映画祭（https://kansai-qff.org/）が「ジュールズ・ロスカム監督特集」を組んだ。ロスカム作品は、関西クィア映画祭で映像と字幕を貸し出している。

な指針はないため、その使用はそれぞれの医師の判断に委ねられていると言ってよいだろう。ここでは、DSMの改訂後に刊行された書籍『走る五人の医師 性同一性障害専門医たちの十年』を参照し、医療側の新しい認識を確認してみたい。主に関西のジェンダークリニックの取り組みについてまとめられた内容であり、五人の医師がこれまでを振り返ったり、「(元)性同一性障害」に対する思いを述べたりしている。*9

まず、文中の診断名は「GID」で統一されている。第三章でも引用した精神科医の康は、GIDと診断された／診断される可能性のある人々について、「彼らは正真正銘の男であり、女であった。ただ何がどう間違えたのか、違った性の体を持って生まれてきてしまった。身も心も健康で、なんの不具合もありはしない。ただ、心と体の性がズレてしまっている。それを正そうとしているだけなのだ。」（NPO法人関西GIDネットワーク 2016）という感想を示す。当事者は本文中で「彼と彼女ら」というふうに限定され、ノンバイナリー（二元的な性別に馴染まない、馴染めない）な考え方からは距離がある。第三章の補論に登場したZが、ジェンダークリニックを訪れたもののしっくりこなかった、と語ったことが思い起こされる。女性／男性のどちらにも帰属感を持たない者がジェンダークリニックを訪れる場合、やはり今日でも適切な対応が得られない可能性はあるだろう。ノンバイナリーへの認識が希薄な医師が担当した場合、当事者の語りは多数派のストーリーに組み替えられてしまうかもしれない。

とはいえ、「そしてもうひとつ重要なのは、医療関係者――医師への啓発活動である。実際のところ、現場の医師の間にもＧＩＤに対する偏見はまだまだ強い、と堀は言う。」（同）という一文もあり、医師の偏見について問題意識があることも窺える。これを打開するためには教育が重要であるとした上で、「大阪医大については、康がＧＩＤの講座を開設している。だがそれも、康が准教授というポジションにあるからできることだ。こうなると、ＧＩＤに興味を持つ若い医師が育っていく、ということはなかなか望むことができない。そもそも教育する側にＧＩＤのエキスパートがほとんどいないのだから、無理はない。」（同）と、厳しい状況が紹介される。継続的な取り組みや展望については、次の記述にまとまっている。

（…）二〇一一年から始めた専門医師養成講座には、ＧＩＤ治療に前向きな医師たちの参加を得られた。今後もこの活動を続けていけば、医師同士の横のつながりが広がる。また「ＧＩＤに興味はあるが、どこから手を付ければいいのか判らない」という医師にとっての入り口にな

＊9　なお当該の本の中には「実は大阪医大ではその数年前、ＧＩＤ治療に絡んで一件の医療事故が起こっていた。それが訴訟にまで発展していたため、ＳＲＳの中止を余儀なくされた。この訴訟そのものは後に和解することになるのだが、当時の形成外科教授が「ＳＲＳはもう行わない」と宣言。そのため「判定会議はするけれども最終的なＳＲＳまでは行わない」という、関西医大と同様の状況になってしまっていたのである。」（同）という記述があるが、これはもちろん「はじめに」で言及した筆者の裁判についてである。和解の際の条件のひとつで、大阪医大のＧＩＤ医療の進捗と裁判とは関係がないことを公式見解とすることを確認していることから、この記述は、事情を知るはずの康が和解条項に反する内容を看過したか、事実関係の確認を怠ったものである。

る。「なんとなくホルモン注射を打っているが、ちゃんと勉強したい」という、過去の福田のような医師にとっては学習の場にもなる。

そうしてＧＩＤ治療の基準というものが一定のレベルに統一されてくれば、それは患者にとっても有意義なことであるはずだ。全国の都道府県に最低でも一軒、ＧＩＤの総合治療を扱える拠点があれば、なお良い。（同）

「ＧＩＤ治療の基準というものが一定のレベルに統一され」ることは、現状に鑑みて非常に重要である。筆者のもとには、「あの病院で嫌な目にあった」、「ジェンダークリニックの医師に不適切なことを言われた」などの情報が届くが、「医師同士の横のつながり」と学習によって、そのような訴えが減っていくことを願う。

しかし、こうして読み進めていくと、次の一文で大きくつまずいてしまう。


福田は、社会全体のＧＩＤに対する見方や考え方を、統一したいと考えている。（同）

前後の文脈から、偏見をなくしたいという意味だろうと読み取ることはできる。だが率直に、恐ろしさを感じる。医療技術のレベルが統一されるならば嬉しいニュースだが、医師の立場から「見方や考え方」を統一しようとすれば、結局はその権威が抑圧的に機能する。医療的な後ろ盾をはみ出さない限りにおいて評価される「GIDに対する見方や考え方」を、強化することにならないだろうか。第二章で「性同一性障害」と診断された者が「GID規範」に抑圧されてしまうことについて論じたが、同じように医師主導の規範とイメージが生み出されるだけではないかと危惧する。

このイメージというのは実に厄介なもので、補論の冒頭で述べた「LGBT」についても、同じことが言える。「LGBT」に関するテレビ番組やドラマ、漫画、雑誌の記事に触れるとき、既視感を覚えたことはないだろうか。そのストーリーやキャラクターに、「困難やコンプレックスを乗り越える／乗り越えてきた」、「男女どちらの気持ちもわかる」、「感動的／壮絶なライフヒストリーを持っている」、「芸術的・独創的である」など、それこそ「統一的な」イメージを見出したことはないだろうか。

特定の人々の頭の上を、雲のようにひとつのイメージが覆うとき、いびつに押し潰されてしまう者も現われる。それを示す事件と報道、そこに寄せられたコメントについて考えてみたい。

「声優のアイコか　昏睡強盗容疑で逮捕[*10]」

男性を睡眠剤で眠らせて現金などを奪ったとして、警視庁は7日、東京都杉並区久我山1丁

*10　朝日新聞デジタル二〇一四年七月七日配信。報じられた名前は筆者が削除した。

目、無職の〇〇容疑者（30）を昏睡（こんすい）強盗の疑いで逮捕し、発表した。「全く身に覚えがない」と容疑を否認しているという。都内では2012年6月以降、「声優のアイコ」などと名乗る女による昏睡強盗事件が十数件発生。警視庁は、手口や身体的特徴などから、いずれも〇〇容疑者が関与したとみている。捜査1課によると、〇〇容疑者は2月27日午前1時半ごろ、杉並区のJR荻窪駅前で声をかけてきた男性（23）の自宅に同行。缶チューハイに睡眠剤を入れて男性を眠らせ、現金2万円や腕時計10個など計35万円相当を奪った疑いがある。

これは、普段は男性として生活しているFTM（これ以降は受刑者Aと呼ぶ）が、「女装」をして複数名から金品を盗むという事件だった。逮捕後は、MSN産経ニュース・週刊朝日・ライブドアニュース・週刊文春などが、受刑者Aが「性同一性障害」であること、性別移行の状況、生活保護受給について報じた。受刑者Aが妊娠していること、子どもの父親に関する推測も追って記事になり、出産の際はTBSなどの地上波でもニュースになった。これらの報道には多くの問題がある。「性同一性障害」については本人のSNSのアカウントで明らかになっていたものの、その身体について書く必然性はない。「容疑者は過去に盲腸の手術をしており」、「高血圧の薬を投与中で」などというニュースを見たことがあるだろうか。犯行と直接関係ない身体の詳細を暴こうとするのは、ただの野次馬根性である。妊娠・出産についても同様で、特定の受刑者の出産が報じられるのは異様とさえ言える。

この事件について積極的にコメントしたのが三橋順子[*11]である。ブログの記事で「(…)まあ、これだけ世の中にＦｔＭが多くなれば、犯罪性向をもつ人間が出てくるのは仕方がないことではあるけれど、イメージダウンになるのは間違いない。」(2014-07-08)と書いたのを皮切りに、「ＦｔＭの性同一性障害なら、いくら金銭に困っていても、女性の格好で男性を性的に誘惑して昏睡強盗を働くのは、精神的にかなり苦痛だし、(…)まして、どういう状況にしろ、男性との性行為は、なんとしても回避するはずだ。」(2014-09-15)と記述した上で、受刑者Ａの性的指向や、妊娠の理由についても推測する。最終的には「性同一性障害としては、いろいろ首を傾げることが多すぎる」として、受刑者Ａは解離性同一性障害ではないかと述べる。これらは論文として世に問うたものではないとはいえ、全世界に発信されたものであり、三橋自らがトランスジェンダーとして広く発言していることを考えると、妥当とは思えない箇所が多い。

まず、ＦＴＭやＦＴＸが「女性の格好」をするのは決して珍しいことではない。制服だから仕方ない者、カミングアウトできる環境が整うまで女性として振る舞う者、服装のジェンダーには頓着しない者など、個別の事情がある。その中で各々が工夫を凝らしてストレス要因を減らした

＊11　性社会・文化史研究者。著書に『新宿「性なる街」の歴史地理』(朝日選書)など。ブログは「続々・たそがれ日記」https://junko-mitsuhashi.blog.ss-blog.jp。「はじめに」で言及した筆者の裁判について、傍聴に来たり資料を取り寄せたりせず、「なんでもひどい裁判だったらしい」という感想を公開したことも書き添えておきたい。

り、あるいはただ耐えたりしている。「いくら金銭に困っていても」女性の格好は苦痛であるはず、という書きぶりからは、ＦＴＭの「本流」は普段から男性らしい格好をしているという前提が見えてしまう。「男性との性行為は、なんとしても回避するはずだ」という一文もまた同様であって、男性とセックスするＦＴＭやＦＴＸの存在が不可視化されている。三橋は受刑者Ａの性的指向が男性に向いている可能性も指摘してはいるが（そもそも限られた情報で他者の性的指向を「推理」するのは危険だと思うが）、必ずしも男性を好きでなくともセックスする場合はある。ＦＴＭなどのセックスワーカーの中にも「男性とセックスするＦＴＭ」を見出すことができるが、[*12] 異性愛を前提とした書き方をすると、このような生き方の選択も不可視化されてしまう。

また三橋は記事で「イメージダウン」という語を用いているが、先ほど「ＬＧＢＴ」や「性同一性障害」に関するイメージについて言及したことを思い出してほしい。「イメージダウン」と言うからには、保持すべき何らかのイメージが先に存在するということになる。そのイメージはおそらく、受刑者Ａや、「女装」して暮らすＦＴＭ／ＦＴＸや、男性とセックスするＦＴＭ／ＦＴＸを想定したものではないだろう。一体、ＦＴＭやトランスジェンダーが守らなければならないイメージとは何だろうか。誰がそれを作ったのだろうか。これは、現在のブームがもたらす「ＬＧＢＴ」表現の方向性や、医療側が「統一」したいと望む「性同一性障害」のイメージと同じ根を持つものであると感じる。

その根を解きほぐすために、トランスジェンダー（特に若いＦＴＭ、ＦＴＸ、トランス男性）に向けて伝えたいことを書いて、本書を終わりにしたい。

＊12　https://lgbter.jp/toru_kawaguchi2/ では、ＦＴＭのセックスワーカーとしての思いが語られている。このケースでは過去の交際相手が女性であることが明示され、男性への性的指向が語られているわけでもない。

# おわりに

現在の日本では、女性として扱われること、女性として生きることが原因で、社会的に不利な状況に置かれることがある。四年制大学への進学率は地域によって十五パーセントも男女差があり（二〇一八年学校基本調査）、いくつかの医学部が、入試で女子を減点していたことも記憶に新しい。就職した後も男性との賃金格差が存在するので、性別移行の費用を貯めるのに一層苦労することもある。無理を押して働いて病気になったり、生活を切り詰めたりするエピソードを聞いたこともあるだろう。またセクシュアル・ハラスメントを受けたり、性犯罪の被害者になったりする可能性も高い。女性ならではの身体的特徴を揶揄されて、自分をより嫌いになるような出来事もあるかもしれない。そのようなとき、悲しみや怒りを「女性」という存在そのものに向けると、単純な女性嫌悪に陥ってしまう。女性に見えるからこんな目に遭うのだ、早く性別移行すべきだ、というふうに自分を追い詰めないでほしい。「女性に見える人」を不当に扱ってきた、世の中の仕組みの方に目を向けてほしいのだ。

女性が政治に参加できるようにたたかい、不条理に虐げられる制度を告発してきたフェミニズムは、偉大な存在である。フェミニズムは、トランスジェンダーの生存にも手を貸している。もし「女性は慎ましやかに、男性に従って生きるべし」という社会規範に異議を唱える者がいなかったら、自由な話し方や振る舞い、経済的独立、ファッションの選択は許されなかった（今もそのような地域はある）。自分の稼ぎで性別移行を遂げることも、「ボーイッシュな女性」のふりをして性別移行期をやり過ごすこともできなかったのだ。「多様な女性がいてもよい／既にいる」という考え方は、トランスジェンダーの女性、レズビアンの女性、恋愛に関心を持たない女性、民族的マイノリティの女性、病気の女性、障害のある女性、経済的に苦しい女性など、様々な立場への想像を後押しするものでもある。現に多様な存在が生きている中で、「ＬＧＢＴ」のイメージが固定化されつつあること、医療側が「性同一性障害」のイメージを統一したいと願うこと、逮捕者を理由にＦＴＭのイメージダウンを懸念することは、フェミニズムが培ってきた想像力を殺してしまうのではないだろうか。

もうひとつ、想像力を殺しかねない態度がある。それは自らの特権に無自覚なまま、「個性」や「自分らしさ」を信奉することだ。特権とは、コストを払わないマジョリティとして存在することだと考える。例えば、シスジェンダーならば気に留めもしないのに、トランスジェンダーにはのしかかってくるコストとして、次のようなものが考えられる。

〈1〉トランスジェンダーであることを他者に知らせる場合、いつ、どうやって、どのような方法でカミングアウトするかについて、自分で計画し、説明しなければならない。

〈2〉日常生活で頻繁に起こる、「出生時の性別のままで生きるのを当然とした上で成立するコミュニケーション」にどう反応するか、考えねばならない。

〈3〉「見た目」が既存の「男女」のイメージにフィットしない場合、不審感を抱かれるリスクがあり、「正当な」証拠の提示を求められたときに対応しなければならない。

〈4〉戸籍上の性別や身体の状況を勝手に判断されたり詮索されたりした際、相手や状況によって複数パターンの応答を用意しておかなければならない。

〈5〉トランスジェンダーであることが原因で他者との関係調整が必要になったとき、その手間を主体的に引き受けねばならない。

〈6〉「トランスジェンダーであることが問題にされない空間」など、日常的な苦痛から逃れられる環境を、自ら探しておかねばならない。


忘れてはいけないのは、マイノリティは同時にマジョリティの側面も持ち合わせているということだ。前記のようなコストを払っているトランスジェンダーも、他の面ではマジョリティで、特権を持っている。筆者は、大学進学率が三十パーセント台の土地で「女子」として育ったが、当たり前のように実家を離れて進学し、大学院にも行った。性別移行の処置を受ける際も家族とはほとんど揉めなかったし、安定はしていないが研究に携わって生きている。健康は損なったものの、色々な助けによって生活が成り立っており、日本国籍を持っている。これらは全て、特権である。実家があるという特権。周囲に反対されずに進学できる特権。いちいち家族の顔色を窺わずに行動できる特権。衣食住が確保され、自立生活ができるという特権。日本に生きる日本人であり、「国民」として扱われる特権。

もし「トランスジェンダーは個性」、「LGBTは自分らしさ」などの言説に乗ってしまうと、そこで考えることをやめてしまうかもしれない。ひとつ、例文を挙げてみよう。「自分はトランスだけど、別に差別されたことないし、家族も理解がある。人生、自分らしく生きたもん勝ちじゃないかな」。もしこの言葉が、メディアで発信されたとしたらどうだろう。この言葉を発する者の周りには恵まれた環境や資源があると推察できる一方、「個性」や「自分らしさ」では到底片付かない／片付けてはいけない問題を抱えたマイノリティは、更に追い詰められ、自己責任の理論に回収されてしまうのではないか。

特権を持つ者は、それを持たない者の立場を想像し、マイノリティを排除しない方法を考える責任がある。トランスジェンダーゆえのコストをどれだけ払っているとしても、決して免除されることのない責任だ。自責の念を駆り立てようとして言っているのではない。ものを考えるときの習慣として、他者と接する際の前提として、意識してはどうかという提案である。

ここは特にトランスジェンダーに向けて記述したが、当然、より多くの特権を持つ者がより多くの責任を負うことは言うまでもない。全ての人が己の特権と向き合えば、マイノリティが「聞いてくれ」と叫び続ける労力を、わずかに減らすことができるかもしれない。また前に述べた通り、「慣れる」という態度を培うことも大切である。具体的な制度改変に携わることはもちろん大切だ。同時に、自らの常識や規範を超える存在を怖れるのではなく、「慣れ」ていく。ある集団の中で誰かひとりでも「慣れ」れば、それを見る人々の認識に変化をもたらすことができるかもしれない。「慣れ」を示すという「日常闘争」を積み重ねれば、いずれは抑圧的な雰囲気を打破する力になるだろう。

本書も終わりに近づいてきた。最後に個人的な決意を述べるならば、筆者はノンバイナリーなトランスジェンダー、クィアとして、「変わらないとされているもの」（性別、家族の仕組み、国の枠組みなど）を信じる人を、これからも不安にさせていくだろう。常に変化を求めながら、おかしなことをする。そこに楽しさはないが、生きていくために必要だから続けていく。あなたも大いに、必要なことをやってほしい。ただ同時に、それが無責任な「自分らしさ」でないかどうか、誰かを踏みつけていないかどうかを考えてみてほしい。そして呼吸を続けてほしい。今まさに砂漠に飲まれてしまいそうなとき、何とか立っていてほしい。踏みにじられた痛みと屈辱は消えないかもしれないが、己を踏みにじったものより先に消えてしまうのはよそう。くたばるのは、忌々しい社会や歴史を書き換えてからでも遅くない。

互いの足跡がどこかで交わる日のことを思いながら、筆をおきたい。

# 参考文献


American Psychiatric Association, 2000, DSM-4-TR, Washington D.C.: American Psychiatric Publishing.（=2003, 高橋三郎・大野裕・染谷俊幸訳『DSM-IV-TR――精神疾患の分類と診断の手引　新訂版』医学書院.）

American Psychiatric Association, 2013, DSM-5, Washington D.C.: American Psychiatric Publishing.（=2014, 高橋三郎・大野裕監訳、染矢俊幸・神庭重信・尾崎紀夫・三村將・村井俊哉訳『DSM-v――精神疾患の分類と診断の手引』医学書院）

Baim,Tracy.2016,Second Wachowski filmmaker sibling comes out as trans.WINDY CITY TIMES,8 March 2016 http://www.windycitymediagroup.com/lgbt/Second-Wachowski-filmmaker-sibling-comes-out-as-trans-/54509.html

池田久美子、木村一紀、高取昌二、宮崎留美子、岡部芳広、黒岩龍太郎、土肥いつき（著）、セクシュアルマイノリティ教職員ネットワーク（編集）2003『セクシュアルマイノリティ――同性愛、性同一性障害、インターセックスの当事者が語る人間の多様な性』明石書店

石井慧、丹羽幸司、康純 2017「世界各国における性別変更手続きの比較」『ＧＩＤ（性同一性障害）学会雑誌』vol.10: 117-120.

石田智恵 2015「軍政下アルゼンチンの移民コミュニティと『日系失踪者』の政治参加」『コンタクト・ゾーン』7: 56-82.

――2017「やわらかな人種主義――アルゼンチンにおける『ハポネス』の経験から」『文化人類学研究』18: 87-111.

石原明、大島俊之 2001『性同一性障害と法律――論説・資料・Ｑ＆Ａ』晃洋書房

井芹真紀子2017「まだ－ここにないクィアネス：ホセ・E・ムニョスが読むフェリックス・ゴンザレス＝トレス」『美術手帖』1061(69): 98-99.
NPO法人関西GIDネットワーク2016『走る五人の医師 性同一性障害専門医たちの十年』パレード
遠藤正敬2019『天皇と戸籍』筑摩書房
大島俊之2002『性同一性障害と法　神戸学院大学法学研究叢書（11）』日本評論社
医歯薬出版株式会社2014「医学のあゆみ 新しい精神疾患の診断・統計マニュアル（DSM-5）ガイド」医歯薬出版株式会社
奥野信枝、永井敦、公文裕巳2004「性同一性障害患者の看護」『日本性科学会雑誌』22巻1号
上川あや2007『変えていく勇気』岩波新書
カリフィア、パトリック2005『セックス・チェンジズ——トランスジェンダーの政治学』作品社
宮藤官九郎2014『日曜劇場「ごめんね青春！」』KADOKAWA／角川マガジンズ
康純2007「性同一性障害——診断と治療について」『泌尿器外科』20(5): 649-653.
佐倉智美2002『女が少年だったころ——ある性同一性障害者の少年時代』作品社
佐藤俊樹、黒田重利2005「ジェンダークリニックの取り組みと実態」『Modern Physician』25巻4号、新興医学出版社
塩野寛2003『生命倫理への招待　改訂2版』南山堂
杉山文野2006『ダブル・ハッピネス』講談社
千田有紀2020「「女」の境界線を引きなおす——「ターフ」をめぐる対立を超えて」『現代思想』48(4): 246-256.
髙橋麻友子、康純2016「大人の性別違和とかかわり（特集 性別違和／性同一性障害の基礎と臨床）」『精神科＝Psychiatry』29(2): 94-97.
髙松亜子、大槻祐可子、山口悟、原科孝雄、2007「性同一性障害者に対する乳房切除術」『日形会誌』27(6):

409-416.
田中玲 2006『トランスジェンダー・フェミニズム』インパクト出版会
谷口功一 2003「『性同一性障害者の性別の取扱いの特例に関する法律』の立法過程に関する一考察」『法哲学年報 2003』有斐閣: 212-220.
田原牧 2003「見失ったプライドと寛容性――『性同一性障害特例法』批判」『情況 第3期』4(9): 194-200.
地崎竜介、河源、六車光英、木下秀文、松田公志 2007「性同一性障害患者に対するQOL調査」『日本泌尿器科學會雑誌』98(2): 334
蔦森樹 2001『男でもなく女でもなく~本当の私らしさを求めて』朝日新聞社
筒井真樹子 2003「消し去られたジェンダーの視点――『性同一性障害特例法』の問題点」『インパクション』137号、インパクト出版会: 174-181.
虎井まさ衛 1997『女から男になったワタシ』青弓社
――2003『男の戸籍をください』毎日新聞社
虎井まさ衛、宇佐見恵子 1997『ある性転換者の記録』青弓社
中塚幹也、秦久美子、江國一二美、高馬章江、江見弥生 2005「性同一性障害の外来の診療システムにおける問題点」『日本母性衛生学会』46巻2号
中村哲 2000「医師の説明義務とその範囲」『新・裁判実務体系1』青林書院
中村美亜 2005『心に性別はあるのか?――性同一性障害のよりよい理解とケアのために』医療文化社
中村也寸志 2002「時の判例　乳がんの手術に当たり当時医療水準として未確立であった乳房温存療法について医師の知る範囲で説明すべき診療契約上の義務があるとされた事例」『ジュリスト』1229号
難波祐三郎 2015「性同一性障害と性：性別適合手術」『日本性科学会雑誌』33(1): 15-27.
――2016「性別適合手術の現状と課題（特集 性別違和／性同一性障害の基礎と臨床）」『精神科=Psychiatry』29(2): 98-102.

難波祐三郎 2018「性同一性障害の保険適用」『形成外科』61(9) :1128-1132.
野宮亜紀、針間克己、大島俊之、原科孝雄、虎井まさ衛、内島豊 2003『性同一性障害って何？――一人一人の性のありようを大切にするために』緑風出版
バトラー、ジュディス 1999『ジェンダー・トラブル』青土社
針間克己 2006「性同一性障害特例法と戸籍変更者の臨床的特徴」『精神科』9(3): 246-250.
――2012「性別違和を訴える者の3年後の臨床経過」『GID（性同一性障害）学会雑誌』vol.5: 81.
フーコー、ミシェル 1986『知への意志』新潮社
福澤克雄・三城真一・加藤新・生野慈朗・小山内美江子 2011『3年B組金八先生 第6シリーズ DVD-BOX』ビクターエンタテインメント
藤高和輝 2020「インターセクショナル・フェミニズムから／へ」『現代思想』48(4): 34-47.
藤野豊美編 1999『形成外科手技シリーズ 乳房の形成外科』克誠堂出版
ボーンスタイン、ケイト 2007『隠されたジェンダー』新水社
堀あきこ 2019「誰をいかなる理由で排除しようとしているのか？――SNSにおけるトランス女性差別現象から」『福音と世界』74(6): 42-48.
堀貴晴、康純、稲田貴士、多田真琴、岡田弘司、二宮ひとみ、米田博 2005「ジェンダークリニックの取り組みと実態 大阪医科大学」『ModernPhysician』25巻4号 新興医学出版社
堀江有里 2007「性的少数者の身体と国家の承認――『性同一性障害・特例法』をめぐって」『解放社会学研究』21: 43-61.
正岡美麻、高木謙太郎、針間克己、内田直、長谷川寿一 2012「ホルモン未投与／投与中の Female to Male の声の満足度――音響分析結果や他者評価と関連するか」『GID（性同一性障害）学会雑誌』vol.5: 112-116.
松尾寿子 1997『トランスジェンダリズム――性別の彼岸 性を越境する人々』世織書房
松嶋淑恵 2012「性別違和をもつ人々の実態調査――経済状況、人間関係、精神的問題について」『人間科学研

究』34: 185-208.
松永千秋 2014「性別違和」神庭重信編『DSM-5を読み解く 伝統的精神病理、DSM-5、ICD-10をふまえた新時代の精神科診断 5 神経認知障害群、パーソナリティ障害群、性別違和、パラフィリア障害群性機能不全群』中山書店：234-250.
山内俊雄 1999『性転換手術は許されるのか 性同一性障害と性のあり方』明石書店
——2001『性同一性障害の基礎と臨床』新興医学出版社
吉永みち子 2000『性同一性障害——性転換の朝』集英社
吉野靫 2008a「『多様な身体』が性同一性障害特例法に投げかけるもの」『コア・エシックス』4: 383-394.
——2008b「GID規範からの逃走線」『現代思想』36(3): 126-137.
——2010「ヒポクラテスの切っ先」『現代思想』38(3): 167-179.
米沢泉美 2003『トランスジェンダリズム宣言 性別の自己決定権と多様な性の肯定』社会批評社
ROS 2007『トランスがわかりません!!』アットワークス
和田耕治、深町公美子 2019『ペニスカッター 性同一性障害を救った医師の物語』方丈社

◇本書は、日本学術振興会科学研究費（課題番号10J09843、13J09084、19K20593）の助成を受けた成果である。

著者　吉野靫（よしの・ゆぎ）
立命館大学衣笠総合研究機構プロジェクト研究員。専攻はジェンダー／セクシュアリティ。トランスジェンダー当事者として大阪医科大学ジェンダークリニックに通院していたが、2006年、医療事故に遭う。翌年、大阪医科大学を相手どり提訴。2010年、複数の条件で合意が成立し勝利的和解。この出来事をきっかけに日本文学から社会学へと研究領域を変更し、トランスジェンダーに関する論文執筆や企画開催を開始する。本書が初の単著。

誰かの理想を生きられはしない
とり残された者のためのトランスジェンダー史

2020年10月30日　第1刷発行
2022年 4 月28日　第2刷発行

著者——吉野靫

発行人——清水一人
発行所——青土社
〒101-0051　東京都千代田区神田神保町1-29　市瀬ビル
［電話］03-3291-9831（編集）　03-3294-7829（営業）
［振替］00190-7-192955

印刷・製本——シナノ印刷

装幀——今垣知沙子


Printed in Japan
ISBN978-4-7917-7313-8　C0030